德国高等教育体制机制研究
Forschung über das System und den Mechanismus der deutschen Hochschulbildung

王美玲 著

中国纺织出版社有限公司

图书在版编目（CIP）数据

德国高等教育体制机制研究：汉、德／王美玲著
. -- 北京：中国纺织出版社有限公司，2020.11
ISBN 978-7-5180-7948-3

Ⅰ．①德… Ⅱ．①王… Ⅲ．①高等教育—教育制度—
研究—德国—汉、德 Ⅳ．① G649.516.1

中国版本图书馆 CIP 数据核字（2020）第 196209 号

责任编辑：姚　君　　责任校对：王惠莹　　责任印制：储志伟

中国纺织出版社有限公司出版发行
地址：北京市朝阳区百子湾东里 A407 号楼　邮政编码：100124
销售电话：010—67004422　传真：010—87155801
http://www.c-textilep.com
中国纺织出版社天猫旗舰店
官方微博 http://www.weibo.com/2119887771
三河市宏盛印务有限公司印刷　各地新华书店经销
2020 年 11 月第 1 版第 1 次印刷
开本：710×1000　1/16　印张：11.5
字数：225 千字　定价 68.00 元

前　言
Vorwort

Deutschland, der vollständige Name der Bundesrepublik Deutschland, liegt mitten in Europa. Die Verwaltungsregion ist in drei Ebenen unterteilt: Bund, Land und Region. Als Drehscheibe zwischen Ost und West spielt sie eine wichtige Rolle in der Wirtschaft und Kultur Europas und sogar der Welt. Die deutsche Hochschulbildung basiert auf der zentralen Idee mittelalterlicher Universitäten, die im Frühjahr der modernen Universitätsreform neu initiiert wird. Derzeit gibt es 398 Universitäten in Deutschland, mit einer Gesamtzahl von registrierten Studenten von mehr als 2,8 Millionen. Die Bundesregierung und die staatliche Regierung haben eine weitere Arbeitsteilung in die Angelegenheiten von Hochschulen und Universitäten, und ein Teil der Autorität der Bundesregierung ist beschränkt.Daher gibt es Drittparteien-Institutionen oder Organisationen, die eine koordinierende Rolle in den beiden spielen. Sie sind in verschiedenen Ebenen für die Bildungspolitik. Neben der Förderung der Entwicklung des Hochschulwesens durch die Gesetzgebung fördert Deutschland auch die Bildung durch diese Institutionen. Im Bereich der Hochschulbildung sind nur die Hochschulinfrastruktur und die wissenschaftliche Forschung die gemeinsame Verantwortung der Bundesregierung und der staatlichen Regierungen. In der Hochschulbildung übernimmt Deutschland die Managementweise der Hochschulbildung. Das Prinzip des Föderalismus ist ein Grundprinzip des deutschen Hochschulmanagementsystems. Das Hauptorgan der deutschen Universitäten sind staatliche Universitäten, und private Universitäten stellen nur einen kleinen Teil dar. Darüber hinaus gibt es weitere nationale und unabhängige Bildungsberatungs- und Beratungseinrichtungen. Die Funktionen der Bundesregierung, der staatlichen Regierung und der Hochschulen und Universitäten sind klar.

Das interne Gewährleistungssystem der deutschen Hochschulbildung ist ein unabhängiges Managementsverfahren, das auf der Systemzertifizierung basiert. Das interne Qualitätssicherungssystem der Hochschulbildung wird eingerichtet, während die externe Evaluierung und interne Evaluierung das gute Funktionieren des internen Qualitätssicherungssystems der Hochschulbildung gewährleisten sollen. Das interne Qualitätssicherungssystem der deutschen Hochschulbildung umfasst daher externe und interne Qualitätsbewertungen und eine unabhängige. Deutschland hat zunächst den Zertifizierungsausschuss eingerichtet. Nach der Gründung des Zertifizierungsausschusses haben sich viele Bewertungsagenturen auch als Zertifizierungsstellen beworben, die mit der Zertifizierung von Hochschulen begonnen haben. Im Zertifizierungsprozess ist die Bewertung eine unverzichtbare Rolle, so dass Evaluation und Zertifizierung in hohem Maße miteinander verknüpft sind, weil beide ihre eigenen unabhängigen Institutionen, Verordnungen und Verfahren haben, dehalb werden sie getrennt diskutiert.

Mit der Entwicklung des sozialen Rechtssystems in Deutschland haben viele Reformen zur Bildung eines organischen und interaktiven Rechtssystems geführt. In Deutschland ist das föderale System von drei Befugnissen geteilt. Ein wesentlicher Grundsatz ist, dass ein ordnungsgemäßes Gerichtsverfahren die Rechts- und Verwaltungsvorschriften regeln kann. Die gesetzgeberische Macht, die Exekutive und die gerichtliche Macht eines Landes werden von der Föderation und den Staaten ausgeübt. Das Bundesparlament, das Bundeskabinett, der Bundespräsident und das Bundesverfassungsgericht spielen als wichtige Verfassungsorgane eine wichtige Rolle in der Rechtspraxis. Er erfüllt vor allem eine Reihe von Aufgaben. Die Realisierung der legislativen Macht erfordert die Annahme von strengen Gesetzesvorlagen Verfahren. Im gesamten Prozess ist die Reform der legislativen Macht im Bereich der Hochschulbildung besonders offensichtlich. Mit der allmählichen Aufhebung der Gesetzgebungsbefugnis des Bundes hochschulrahmens hat der Bundesgesetzgeber die Gesamtfähigkeit der Hochschulbildung verloren und die Legislative wurde auch übertragen. Das traditionelle Bildungssystem in Deutschland ist eine Art kulturelles föderalistisches System. Dieses System wurde jedoch während der Nazizeit zerstört, und es wurde nicht nach und nach bis 1949 mit der Verabschiedung des Grundgesetzes wiederhergestellt.

Bis jetzt hat Deutschland ein kooperatives föderales System der Bildungsverwaltung gebildet. Die Bundesregierung hat eine Rolle der Aufsicht und Koordination gespielt. Der Staat hat Bildungshoheit und spielt eine Rolle bei der Planung, Organisation, Verwaltung und Überwachung von Bildungsunternehmen. Das Bundesministerium für Bildung und Wissenschaft übt das Recht auf Bildung in der föderalen Bildung aus, während die staatliche Bildung vom Bundesstaatsrat der Kulturminister koordiniert und verwaltet wird. Das Hochschulgesetz umfasst alle Arten von Verhaltensweisen im Zusammenhang mit der Einschreibung und der Einschreibung an die Hochschulbildung. Die Gesetze und Vorschriften des Hochschulstudiums umfassen die rechtlichen Beziehungen und Verhaltensweisen.

Es handelt sich um den Inhalt der Reform des Managementsystems der Hochschulbildung in Deutschland. Sein Kerninhalt umfasst mehr als 40-Arten. Der Kerninhalt dieses Änderungsantrags umfasst die Reform der Bildungsgesetzgebung, der Verwaltungsmacht und der Finanzverteilung. Insbesondere hebt sie die finanzielle Beteiligung der Bundesregierung an der Erweiterung und dem Bau von Hochschulen und Universitäten und ihren angeschlossenen Krankenhäusern in der Zukunft ab. Die besondere Autorität für Ressourcen und Behandlung wird der staatlichen Regierung übertragen.

In den 90er Jahren, mit der rasanten Entwicklung der wirtschaftlichen Globalisierung und der Internationalisierung der Hochschulbildung in der Welt, kann das traditionelle Bildungskonzept und das deutsche Bildungssystem den Anforderungen der Entwicklung der neuen Ära jedoch nicht vollständig gerecht werden. Gleichzeitig steht die deutsche Hochschulbildung vor vielen neuen Problemen und Herausforderungen. Deshalb müssen die Qualität der Bildung und der wissenschaftlichen Forschung verbessern, ein Qualitätssicherungssystem der Hochschulbildung mit Bildungsevaluierung und -zertifizierung als Kern und so weiter etablieren.

目　录

Kapitel eins Die aktuelle Situation der Hochschulbildung in Deutschland

1. Zusammenfassung der deutschen Hochschulbildung

Deutschland, der vollständige Name der Bundesrepublik Deutschland, liegt mitten in Europa. Die Verwaltungsregion ist in drei Ebenen unterteilt: Bund, Land und Region. Es gibt 16 Länder und 14808 Regionen im Land. Bundesländer sind nicht nur Provinzen, sondern auch Regierungen mit staatlicher Macht. Jeder Staat hat seine eigene Verfassung, Parlament und Regierung. Die Föderation ist die höchste Staatsgewalt. Die Bundesstaaten sind durch den Senat auf Bundesebene vertreten und beteiligen sich an der Bundesgesetzgebung. Als Drehscheibe zwischen Ost und West spielt sie eine wichtige Rolle in der Wirtschaft und Kultur Europas und sogar der Welt. Nach dem Geist des Grundgesetzes der Bundesrepublik Deutschland 1949 und dem Urteil des Bundesgerichts 1957 führt Deutschland den Föderalismus in Kultur und Bildung durch. Jeder Staat verfügt über eine eigene gesetzgeberische und administrative Macht im Bereich der Hochschulbildung und verpflichtet sich zur pädagogischen Aneignung. Die Föderation ist nur für die Koordinierung zwischen den allgemeinen Grundsätzen der Hochschulen und anderen Staaten verantwortlich. Die deutsche Hochschulbildung basiert auf der zentralen Idee mittelalterlicher Universitäten, die im Frühjahr der modernen Universitätsreform neu initiiert wird. Derzeit gibt es 398 Universitäten in Deutschland, mit einer Gesamtzahl von registrierten Studenten von mehr als 2.8 Millionen. Unter ihnen sind 111 umfassende Universitäten (einschließlich Polytechnic und normale Universitäten), 229 angewandte wissenschaftliche Universitäten und 58 sind Kunst- oder Musikhochschulen.

1.1 Deutsche Hochschulgesetze

Nach dem Zweiten Weltkrieg hat die Bundesregierung auch eine Reihe von Gesetzen zur Unterstützung der Entwicklung der Hochschulbildung in Deutschland erlassen, wie z.B. die allgemeinen Grundsätze des Hochschulrechts, des Bundesbildungsfördergesetzes, des Deutschen Hochschuldienstrechts des 21. Jahrhunderts usw. Nach den 1960er Jahren war das Hauptziel der Hochschulreform in Deutschland die Gleichstellung und Demokratisierung der Bildungschancen. Am Januar 26, 1974 wurde das allgemeine Hochschulgesetz verkündet, das festlegte, dass die Bundesregierung nur für die Formulierung des allgemeinen Rechts verantwortlich war und die staatlichen Regierungen jeweils für alle anderen Hochschulangelegenheiten, wie die Einrichtung von Universitäten, die rechtliche Aufsicht, die Hochschulfinanzierung, das Hochschulpersonal usw. verantwortlich waren. Diese „allgemeine Programmmethode " ist eine Neuerung in der Geschichte der deutschen Hochschulbildung. Sie legt Grundsätze und Methoden für die Reform des Unterrichts fest, stellt spezifische Anforderungen an die Erneuerung des Lehrplans und verkürzt das Schulsystem. Seitdem gehört die einschlägige legislative Macht der Bildungspolitik den Staaten und wird zum Kernelement der staatlichen Autonomie, während die entsprechende legislative Macht der Wissenschaftspolitik noch immer der Föderation gehört. Im Jahr 1998 zielt die vierte Revision der allgemeinen Grundsätze des Hochschulrechts darauf ab, die Einmischung der Regierung in die Einzelheiten von Hochschulen und Universitäten zu verringern, ihnen mehr Autonomie zu geben und die Qualität von Hochschulen und Universitäten zu verbessern. Sie hat das Grundmuster der Hochschulbildung in Deutschland etabliert.

Im Jahr 2006 gab die Bundesregierung die Vereinbarung über die Verwaltung des 2020-Hochschulabkommens zwischen der Bundesregierung und den Staaten bekannt. Dieses Abkommen ersetzte tatsächlich die Rolle des allgemeinen Programmrechts der Hochschulen im Bereich der Hochschulbildung. Das Abkommen verleiht den

Kommunen mehr Autorität und Verantwortung, um die Wettbewerbsfähigkeit der deutschen Universitäten zu verbessern. Neben der allgemeinen Gesetzgebungsbefugnis ist die Stimme der Bundesregierung im Bereich der Hochschulbildung eher eingeschränkt, wobei der Schwerpunkt der Beteiligung darin besteht, akademische Darlehen zu gewähren, gemeinsam den Bau von Schulen mit der Staatsregierung zu finanzieren, die Zusammenarbeit und den Austausch zwischen Hochschulen oder zwischen Universitäten und wissenschaftlichen Forschungseinrichtungen zu fördern.

1.2 Struktur und Hochschulniveau in Deutschland

Um den Bedürfnissen aller Arten von Talenten gerecht zu werden, hat man die Hochschulbildung in der Vergangenheit die einheitliche traditionelle Bildungsform verändert und landesweit ein relativ vollständiges, mehrstufiges und multitypisches Hochschulsystem gebildet. Die deutsche Hochschulbildung umfasst sieben Arten: Universität, umfassende Universität, Priesterseminar, pädagogische Lehreranstalt , Kunstakademie, College und Verwaltungskolleg. In diesem Beitrag werden die beiden Hauptteile der Hochschulen in Deutschland vorgestellt:

Eine davon ist das Hochschulsystem, einschließlich der integrierten Universität (Uni), der Universität für Industrie (TU und TH). Traditionell beschäftigt sie sich hauptsächlich mit Forschungsaktivitäten und außerberuflichen akademischen Personalschulungen, die alle Bereiche der wissenschaftlichen Bildung und Forschung abdecken. Umfassende Universitäten wie die Heidelberger Universität, die Universität Köln und die Göttigen haben eine lange Geschichte, die bis ins Mittelalter zurückverfolgt werden kann. Die Polytechnische Universität ist der Hauptteil der deutschen Universitäten, wie z.B. Technische Universität Berlin, Technische Universität Aachen usw. Diese Art von Universität hat immer mehr Abteilungen, jede hat ihre eigenen Eigenschaften.

Zum anderen sind Colleges und Universitäten (FH) außeruniversitäre Hochschulen. Um den Bedürfnissen der sozialen und wirtschaftlichen Entwicklung gerecht zu werden und den Anforderungen des Zugangs junger Menschen zur Hochschulbildung gerecht zu werden, wird die FH von den ehemaligen Ingenieurschulen, weiterführenden Colleges und entsprechenden Bildungseinrichtungen umgewandelt. Sie orientiert sich an der beruflichen Bildung, hauptsächlich an der Lehre, ergänzt sich durch Forschung. Engagiert in gewissem Maße in angewandte Forschung. Diese Art von Hochschule, die sich an die Bedürfnisse der wirtschaftlichen und sozialen Entwicklung anpasst, wird rund um die Universität etabliert. Ihre Bildung und Entwicklung berühren das Hochschulsystem nicht, und die Universität hat immer ihre eigenen Merkmale beibehalten. Die beiden Arten von Hochschuleinrichtungen haben ihre eigenen Systeme, jeweils mit ihren eigenen Vorteilen und einem eigenen Bewertungssystem. Die Universitäten konzentrieren sich hauptsächlich auf Grundlagenforschung und allgemeine Bildung, während sich Fachhochschulen hauptsächlich auf angewandte Forschung und Berufsbildung konzentrieren. Um den Bedürfnissen der Gesellschaft gerecht zu werden, werden Hochschulabsolventen vor allem in leitenden Regierungsabteilungen, Forschungsinstituten und Hochschulen verteilt, während Hochschulabsolventen der Fachhochschule für Arbeitgeber in der industriellen Branche sehr attraktiv sind. Die „symbiotische " Entwicklungsweise von Universitäten und anderen Hochschuleinrichtungen ist für zwei verschiedene Arten von Universitäten von Vorteil. Wenn Fachhochschulen ihre eigenen Positionen finden, ersetzen sie den Druck auf die Universitäten, Studenten anzuziehen, damit die Universitäten ihre , Elite " Position beibehalten können. Die Hochschulausbildung in Deutschland gliedert sich derzeit in vier Stufen:

Die erste Stufe ist eine dreijährige Universität, die von Hochschulen und Universitäten dominiert wird, ergänzt sich durch Berufsschulen. Das Bildungssystem dieses Niveaus ist kürzer als das der allgemeinen Universitäten. Der Unterricht legt Wert auf die Kombination von Theorie und Praxis und die Ausbildung von beruflicher Grundkenntnis und praktischer Qualifikation. Er hat eine starke Anpassungsfähigkeit an die Erfordernisse des wirtschaftlichen Aufbaus. Absolventen können den Bachelorabschluss erwerben und weiterhin an der Universität für Wissenschaft und Technologie dieses Hauptfaches teilnehmen.

Die zweite Stufe ist die vierjährige Universität, die in Deutschland das wichtigste Hochschulinstitut ist. Sie besteht aus einer umfassenden Universität und Universität für Wissenschaft und Technologie. Diese Art von Universität basiert hauptsächlich auf der akademischen Theorie und konzentriert sich auf wissenschaftliche Forschung. Nach dem Abschluss muss sie die nationale Prüfung und die Schulprüfung bestehen, um einen Master zu erhalten.

Die dritte Stufe ist die Promotionsstufe, die das höchste Hochschulniveau in Deutschland darstellt. Wer nach dem Hochschulabschluss einen Master erworben hat, kann in die Promotionsstufe eintreten. Es gibt keine Graduiertenschule im Land. In der späteren Studienzeit untersuchen die Professoren die akademische Leistung der Absolventen, die experimentelle Fähigkeit und das Dissertationsniveau und wählen Ausgezeichnete aus. Die Papierthemen exzellenter Studenten können in universitäre Forschungsthemen aufgenommen werden, und sie können den Promotionskurs nach der mündlichen Prüfung betreten.

Die vierte Stufe ist die postuniversitäre Ausbildung. Um Hochschulabsolventen die Möglichkeit zu geben, das neue Niveau der wissenschaftlichen und technologischen Entwicklung zu verstehen und neue Kenntnisse zu erwerben, nachdem sie für einen Zeitraum in der Gesellschaft gearbeitet haben, haben der Staat und die Universität gemeinsam ein postuniversitäres Bildungszentrum eingerichtet, das die vorhandenen Ausrüstungen und Lehrer der Universität nutzt, um Hochschulabsolventen die Teilnahme an drei postuniversitären Bildungsaktivitäten alle fünf Jahre zu ermöglichen. Nach den sechziger Jahren hat sich die deutsche Hochschulbildung, die ursprünglich single und konservativ war, zu einem Hochschulsystem mit vielen Arten, High Schools und niedrigen Niveaus und ihren eigenen strukturellen Merkmalen durch eine rasche wirtschaftliche Entwicklung entwickelt, das im Wesentlichen den Bedürfnissen der wirtschaftlichen Entwicklung für unterschiedliche Talentspezifikationen gerecht wird.

1.3 Beziehung zwischen deutscher Regierung und Universitäten

Derzeit werden die deutschen Universitäten hauptsächlich von der Regierung durch Mittelzuweisung finanziert. In den frühen Tagen sind die Charakteristiken sehr ausgeprägt, wo die Gelegenheiten der Universität von der Regierung verwaltet werden. Nach einer Reihe von Reformen wächst auch die Autonomie der Universitäten. So hat sich beispielsweise die Hochschulzertifizierung von der externen Fachzertifizierung zur Systemzertifizierung gewandelt und die Dezentralisierung der Macht ist in Erfüllung gegangen.

Die deutsche Hochschulbildung entstand im späten Mittelalter, etwa zwei Jahrhunderte später als Frankreich und Italien. Obwohl die Universität nach dem Modell der Pariser Universität eingerichtet wird, unterscheidet sie sich auch von anderen frühen europäischen Universitäten. Sie wurde von den Vasallen der feudalen Union gegründet, so dass sie von Anfang an die Merkmale der akademischen Autonomie und der staatlichen Kontrolle hatte. Nach dem von Burton Clark geschaffenen Dreieckskoordinationsmodell sind Regierungskraft, Markt und akademische Autorität drei Kräfte, die die Hochschulbildung gemeinsam koordinieren. Jede Ecke des Dreiecks stellt den extremen Zustand der Kräfte in der Position dar, während die anderen beiden am Minimum sind. Unterschiedliche Positionen im Dreieck stellen verschiedene Kombinationen der drei dar. Die Koordinierung der verschiedenen Staatsmacht und der akademischen Autorität spielt eine Rolle bei der Integration des Hochschulsystems. Die deutsche Hochschulbildung gehörte einst zum Mischsystem des nationalen Koordinationssystems und des akademischen Koordinationssystems in der staatlichen Macht, dem Markt und der akademischen Behörde. Die erste Schlüsselebene ist die Führung der Bundesregierung, die die dezentrale Ausübung staatlicher Macht durch die Regierung und die Zwischenstufe der zwischenstaatlichen Koordinierungsstruktur inhaltlich verwaltet wird. Die zweite Schlüsselstufe ist die akademische Autorität wie Professoren, Professorengruppen und Koordinierungsstellen. Deshalb ist die Marktkoordination im deutschen Hochschulsystem im Anfangsstadium sehr schwach.

Nach der Vereinigung der beiden Deutschlands waren eine Reihe von Reformen der Hochschulbildung in Deutschland eng mit dem „neuen öffentlichen Management " verbunden und „weniger Politik, mehr Governance " wurde zu einem populären Glauben im Bereich der Hochschulbildung in Europa. In Deutschland wird dieser Modus auch „neuer Regelmodus " genannt. Das neue öffentliche Management ist eine Art theoretischer und praktischer Modus im Bereich der modernen westlichen öffentlichen Verwaltung, der sich für die Anwendung der Theorien, Methoden,

Werkzeuge und Modi im Bereich der Unternehmensverwaltung auf den öffentlichen Sektor einsetzt, um die Effizienz der Arbeit, die Qualität der Dienstleistungen und die Managementfähigkeit des öffentlichen Sektors zu verbessern. Seit Ende der 80er Jahre bis Anfang der 90er Jahre begann die neue Reform des öffentlichen Managements in den Verwaltungsabteilungen der deutschen Kommunalverwaltungen zu erproben, während die Umsetzung des neuen, auf das öffentliche Management ausgerichteten externen und internen Managementsystems im Bereich der Hochschulbildung nach der vierten Revision der allgemeinen Grundsätze der Hochschulbildung 1998 begann.

Derzeit haben deutsche Universitäten noch immer zwei Identitäten. Als staatliche Institution gehorchen sie der Staatsverwaltung und als Unternehmensgruppe haben sie eine gewisse Autonomie, sich selbst zu verwalten. Daher werden die dezentrale staatliche Regierung und die akademische Behörde, die sich auf Professoren konzentriert, zum zentralen Managementsniveau in der gesamten Hochschulbildung. Mit der schrittweisen Erweiterung des neuen Konzepts des öffentlichen Managements, dem marktorientierten Streben nach Effizienz und Qualität, basierend auf Kosten-Nutzen-Analyse hat sich die Idee der Reform des öffentlichen Sektors allmählich in den Prozess des Hochschulmanagements vertieft. Nach einer Reihe von Hochschulreformen und der Verbreitung neuer öffentlicher Managementkonzepte werden die deutschen Universitäten derzeit hauptsächlich von der Regierung und dem Dritten durch Leistungsindikatoren finanziert, wobei der Schwerpunkt auf Wettbewerb und Leistung liegt, was der Zielplanung, der Verbesserung der Leistung und dem Streben nach Finanzierung förderlich ist. Nach 2013 begannen die deutschen Universitäten mit der vollständigen Übernahme des Hochschulaufbaus und das Verhältnis zwischen Bund und Staat änderte sich von „Kooperationspartner zu „strategischer Partner.

Die Beziehung zwischen der deutschen Regierung und den Universitäten verkörpert derzeit die Besonderheiten der Abhängigkeit, der Vielfalt und der Autonomie, die sich vor allem in den folgenden vier Aspekten widerspiegeln: Erstens ist die staatliche Regierung hauptsächlich für die Überwachung und Verwaltung von Hochschulangelegenheiten verantwortlich. Zweitens ist die Bundesregierung hauptsächlich für Hochschulfonds und -organisationen verantwortlich, da die deutschen Staaten keine Studiengebühren erheben. Drittens die Zusammenarbeit zwischen der Bundesregierung und den Staaten, den Staaten im Ministerium für Kultur und Bildung. Nach dem Grundrahmen der gemeinsamen Versammlung verfügt jeder Bundesstaat über eigene einschlägige Gesetze zur Verwaltung der Hochschulbildung. Viertens wurde die Autonomie der Hochschulen erweitert. Als wichtigstes Gremium der Hochschulbildung wurde die Autonomie der deutschen Universitäten kontinuierlich erweitert, einschließlich des Rechts, Präsidenten zu wählen, Professoren zu ernennen, Kurse festzulegen, Unterrichtsziele festzulegen und zu internationalisieren.

2. Intermediale Einrichtungen im Zusammenhang mit dem Qualitätssicherungssystem der Hochschulbildung

Durch die Revision des Gesetzes haben die Bundesregierung und die staatliche Regierung eine weitere Arbeitsteilung in die Angelegenheiten von Hochschulen und Universitäten, und ein Teil der Autorität der Bundesregierung ist beschränkt. Allerdings ist der Streit zwischen den beiden Seiten über die Frage der Bildung nicht beendet, und die Teilung der zuständigen Behörde hat noch immer unklare Bereiche. Daher gibt es Drittparteien-Institutionen oder Organisationen, die eine koordinierende Rolle in den beiden spielen. Sie sind in verschiedenen Ebenen für die Bildungspolitik. Der Konsens schuf die Möglichkeit und trug maßgeblich zur Entwicklung der Hochschulbildung bei. Neben der Förderung der Entwicklung des Hochschulwesens durch die Gesetzgebung fördert Deutschland auch die Bildung durch diese Institutionen, vor allem die gemeinsame Tagung der Minister für Kultur und Bildung, die gemeinsame Sitzung der Hochschulpräsidenten (auch übersetzt als gemeinsame Sitzung deutscher Hochschulpräsidenten) und die Deutsche Zertifizierungsstiftung für die Verbesserung der Qualität der Hochschulbildung.

Kapitel eins Die aktuelle Situation der Hochschulbildung in Deutschland ○○○

2.1 Gemeinsame Tagung der Minister für Kultur und Bildung

Die gemeinsame Konferenz der Minister für Kultur und Bildung wurde im Jahr 1948, die erste gemeinsame Ministerkonferenz in Deutschland ist , gegründet.

Die staatliche Regierung führt auch durch das gemeinsame Treffen der Kultur- und Bildungsminister eine inhaltliche Verwaltung der Hochschulbildung durch. Sie ist ein gemeinsames Treffen der für Hochschulbildung, Hochschulforschung und kulturelle Angelegenheiten zuständigen Minister. Gleichzeitig ist sie ein wichtiges Instrument zur Koordination der Entwicklung der Bildung in Deutschland. Sie hat das Recht, gemeinsame Interessen und Ziele für die sechzehn Bundesländer zu setzen. Die Konferenz soll vor allem die Probleme der überregionalen Hochschulbildung, der Forschung und Kultur lösen, gemeinsame Ansichten und Ziele bilden und gemeinsame Ziele verfolgen. Im Rahmen der Verantwortung der gemeinsamen Konferenz der Kultur- und Bildungsminister trägt der Bundesstaat die Verantwortung für die Selbstkoordination für das ganze Land. Nur durch die Gewährleistung der Gemeinsamkeit von Bildungs-, Forschungs- und Kulturproblemen in jedem Staat können notwendige Maßnahmen ergriffen werden. Mit Konsens und Zusammenarbeit als Träger bietet das gemeinsame Treffen der Kultur- und Bildungsminister den Lernenden oder Studenten, Lehrern, Professoren und Personen, die sich mit der akademischen Forschung beschäftigen, die größtmögliche Mobilität. Seine Hauptaufgabe besteht in der Koordinierung der Entwicklung von Bildungs-, Wissenschafts- und Kulturpolitik zwischen den Staaten sowie in der Aushandlung und Behandlung verschiedener länderübergreifender Politikfragen. Darüber hinaus hat es die Aufgabe, Deutschland bei der Schaffung gleicher Lebensbedingungen zu unterstützen, die gemeinsamen Interessen des Landes im kulturellen Bereich zu vertreten und zu fördern.

2.2 Gemeinsame Sitzung der Hochschulpräsidenten

Der ehemalige Hochschulpräsident ist das gemeinsame Treffen der Universitätspräsidenten Bundesrepublickdeutschlands, das eine Art spontanes Treffen zwischen den

Universitäten ist. Nach der Vereinigung Ost- und Westdeutschlands schlug der Bundesminister für Bildung vor, das ehemalige gemeinsame Treffen der Universitätspräsidenten Westdeutschlands mit der neu eröffneten gemeinsamen Sitzung der Universitätspräsidenten Ostdeutschlands zu verschmelzen, umbenannt in das gemeinsame Treffen der Universitätspräsidenten Deutschlands. Es wird als „Stimme der Universität " in Deutschland bezeichnet. Als Vertreter der öffentlichen Meinung und Politik als Leitfaden für die Entwicklung des deutschen Hochschulsystems hat die gemeinsame Konferenz der Hochschulpräsidenten drei Hauptaufgaben, um die Universitäten in Deutschland zu einem Konsens über die Hochschulpolitik zu bewegen, die Interessen der Hochschulen zu koordinieren, das deutsche Hochschulsystem regional und heterogen zu gestalten, einen einheitlichen Mindeststandard zu erreichen und die freie Kommunikation und Kommunikation zwischen Hochschulen zu fördern. Gleichzeitig genießt die gemeinsame Konferenz der Universitätspräsidenten einen hohen Ruf in der deutschen Gesellschaft und ist auch ein Fenster für Universitäten, um die Außenwelt bekannt zu machen. Kern der deutschen Wissenschafts- und Lehrentwicklung ist die Politikberatung der Bundesregierung, der Hochschulgesetzgebung der Bundesregierung, der Entscheidungsfindung, des Managements und anderer Tätigkeiten sowie die Förderung der Bundesregierung, der staatlichen Regierung, der Arbeitgebervereinigung und anderer Interessengruppen, um allgemein akzeptierte Normen und Standards zu formulieren, den Universitäten und der Öffentlichkeit zu dienen, wie Internationalisierung, Digitalisierung, Entwicklung von Lehrplänen, Anwendung neuer Medien und Technologien in der Hochschulbildung usw. Die gemeinsame Konferenz der Universitätspräsidenten hilft dabei, die Beziehungen zwischen nationalen Universitäten und internationalen Organisationen und anderen Universitäten zu koordinieren. Sie bietet auch Mitgliedsuniversitäten und relevanten Abteilungen aktuelle Informationen im Bereich der Hochschulbildung in der Welt.

Die gemeinsame Sitzung der Universitätspräsidenten soll Entscheidungen durch ständige Vorschläge, Diskussionen und Rückmeldungen aller Mitglieder treffen, die nicht nur die Interessen der Universität vertreten, sondern auch bindend für die Universität sind. Die vier Entscheidungsebenen sind die Generalversammlung, der Rat, das Präsidium und der Präsident sowie das Ständige Sekretariat. Die Generalversammlung ist verantwortlich für die Erörterung und Entscheidungsfindung über allgemeine Grundsätze von besonderer Bedeutung, wie die Revision der Verfassung und des Haushalts der gemeinsamen Sitzung der Universitätspräsidenten, die Wahl des Präsidenten und Vizepräsidenten sowie die Leiter einiger untergeordneter Ausschüsse. Der Rat ist für die strategische Diskussion der mittel- und langfristigen Entwicklung der Hochschulbildung verantwortlich und löst dringende Probleme. Die Mitglieder und Universitäten haben unterschiedliche Stimmrechte in der Generalversammlung und im Rat. Die Stimmrechte der Generalversammlung hängen von der Größe der Organisation ab. Die Stimmrechte des Rates werden durch die Art der Organisation bestimmt. Fünf Vizepräsidenten und zwei Sprecher, der Präsident ist verantwortlich für das Präsidium, und ist verantwortlich für die täglichen Angelegenheitsbearbeitung, Einberufung und auf verschiedene Entscheidungstreffen drängen. Die Amtszeit des Vorsitzenden beträgt drei Jahre, und er kann nur einmal ernannt werden. Die Amtszeit des stellvertretenden Vorsitzenden beträgt zwei Jahre, und er kann zweimal ernannt werden.

2.3 professionelle Zertifizierungsstiftung der deutschen Universitäten

Die Einführung des Zertifizierungssystems in Deutschland wurde von der gemeinsamen Sitzung der Kultur- und Bildungsminister und der gemeinsamen Sitzung der Universitätspräsidenten gemeinsam beschlossen. Nach drei Jahren der Untersuchung wurde der Zertifizierungsausschuss von der internationalen Expertengruppe evaluiert und überprüft und offiziell ein untergeordnetes Gremium der gemeinsamen Tagung der Kultur- und Bildungsminister im Jahr 2002. Im Jahr 2005 wurde sie auf der Grundlage des Zertifizierungsausschusses auf die Deutsche Hochschulzertifizierun gsstiftung ausgeweitet. Sie gehört zu den Mitgliedern der Europäischen Union für Hochschulzertifizierung und der Europäischen Vereinigung für Qualitätssicherung der Hochschulbildung. Ihr Hauptziel ist die Förderung der Entwicklung des Unterrichts und die Verbesserung der Hochschulqualität in Deutschland. Es ist verantwortlich für die Formulierung und Verbesserung von Zertifizierungsstandards, Verfahren, Zertifizierungsüberwachung der Zertifizierungsstruktur und die Makrokontrolle des deutschen Hochschulzertifizierungssystems. Die Agentur besteht aus dem Vorstand, dem Zertifizierungsausschuss und dem Stiftungsausschuss. Die Hauptaufgaben des Vorstandes sind die Umsetzung der Beschlüsse des Zertifizierungsausschusses, die Verwaltung der täglichen Angelegenheiten der Stiftung und der Stiftungsausschuss beschäftigt sich hauptsächlich mit rechtlichen und wirtschaftlichen Angelegenheiten, und der Zertifizierungsausschuss ist für die endgültigen Entscheidungen in allen Angelegenheiten der Stiftung zuständig. Der Zertifizierungsausschuss ist der Kern der berufsständischen Zertifizierungsstiftung in Colleges und Universitäten. Der Vorstand und der Stiftungsausschuss sollen den Zertifizierungsausschuss besser entwickeln. Die Zertifizierungsbefugnis konzentriert sich im Zertifizierungsausschuss. Die Deutsche Hochschulzertifizierungsstiftung setzt sich für die Verbesserung der internationalen Wettbewerbsfähigkeit und des Einflusses des deutschen Hochschulqualitätssystems ein. Zu seinen Hauptaufgaben gehören: Erstens die Zertifizierung der zuständigen Zertifizierungsstellen und die Erteilung des Rechts, innerhalb eines bestimmten Zeitraums die Berufskurse und das interne Qualitätssicherungssystem der Universität zu zertifizieren. Zweitens die Überwachung, ob die Zertifizierungsstellen die Zertifizierungsaufgaben erfüllen und die Qualifikationen regelmäßig neu bewerten. Drittens die Festlegung der Standards der Zertifizierungsverfahren und der Mindeststandards der Zertifizierungsqualifikationen. Viertes die Förderung der Anerkennung im In- und Ausland, Austausch und Zusammenarbeit zwischen Zertifizierungsstellen und zwischen Zertifizierungsstellen und Universitäten sowie Gewährleistung eines fairen Wettbewerbs zwischen ihnen.

3. Deutsches Hochschulmanagementsystem

Deutschland ist ein föderales Land. Nach dem Geist des Grundgesetzes von 1949 sind Kultur und Bildung unabhängige Angelegenheiten jedes Bundeslandes, und die Bundesregierung hat kein Recht, sich einzumischen. Im Bereich der Hochschulbildung sind nur die Hochschulinfrastruktur und die wissenschaftliche Forschung die gemeinsame Verantwortung der Bundesregierung und der staatlichen Regierungen. Im Jahr 1976 wurde das erste programmatische Gesetz, Allgemeines Programmrecht der Hochschulen und Universitäten " herausgegeben, das auf jedem Bundesland Deutschlands anwendbar war. Es enthielt einheitliche Bestimmungen über die Organisation und Verwaltung von Hochschulen und Universitäten, die Reform der Einschreibung und des Unterrichts, die Struktur des Personals und die Management- und Beteiligungsrechte der Mitglieder von Colleges und Universitäten.

In der Hochschulbildung übernimmt Deutschland die Managementweise der Hochschulbildung, die sowohl die Zentralisierung als auch die Dezentralisierung zwischen Zentralisierung und Dezentralisierung betont. Das Prinzip des Föderalismus ist ein Grundprinzip des deutschen Hochschulmanagementsystems. Das Hauptorgan der deutschen Universitäten sind staatliche Universitäten, und private Universitäten stellen nur einen kleinen Teil dar. Außer einigen privaten und kirchlichen Universitäten, der Bundeswehr und dem Bundesverwaltungskolleg gehören alle anderen Universitäten dem Staat an. Die Bundesregierung, die staatliche Regierung und die Hochschulen und Universitäten teilen die Verantwortung des Hochschulmanagements, jeder von ihnen erfüllt verschiedene Funktionen, und das Machtzentrum ist zu Gunsten der Lokalen. Unter ihnen spielt die Bundesregierung die Rolle der Makrokoordination und verwaltet nicht direkt Hochschulen und Universitäten, die direkt von den zuständigen Abteilungen der staatlichen Regierung verwaltet werden. Darüber hinaus gibt es weitere nationale und unabhängige Bildungsberatungs- und Beratungseinrichtungen, die auch im makroökonomischen System der Hochschulbildung in Deutschland eine wichtige Rolle spielen, wie etwa die wissenschaftliche Überprüfungskonferenz, die nationale Vereinigung der Hochschulpräsidenten und die Deutsche Forschungsgemeinschaft. Die Funktionen der Bundesregierung, der staatlichen Regierung und der Hochschulen und Universitäten sind klar.

3.1 Funktionen der Bundesregierung

Die Bundesregierung formuliert das Grundgesetz der Hochschulausbildung und interveniert in den Hochschulangelegenheiten in Form von Gesetzgebung und Mitteln. Die Bundesregierung hat außer der allgemeinen gesetzgeberischen Macht nicht viel Recht zu sagen. Zu den Aufgaben der Bundesregierung für die Hochschulbildung gehören: Um Kredite zu vergeben oder zu subventionieren, allgemeine Vorschriften für die Hochschulbildung zu erlassen, um die Zusammenarbeit zwischen den Universitäten zu koordinieren, gibt es einen anderen Universitätspräsidenten in der Föderation. Aber Hochschulen und Universitäten haben das Recht auf Autonomie und haben das Recht, innerhalb des Rechtsrahmens eigene Regeln zu schaffen.

3.2 Funktionen des Staates

Das „ Grundgesetz " der Bundesrepublik Deutschland legt fest, dass die gesetzgeberische Macht im gesamten Schulsystem, Universitäten und allgemeine Kunst, Kultur und andere Aspekte in die Zuständigkeit jedes Staates fallen. Jeder Staat kann seine eigenen Entscheidungen nach seiner eigenen Kultur, seiner einzigartigen Geschichte, Geographie und sozialen Bedingungen in der Entwicklung des Lebens treffen. Nach diesem Punkt wurde das System der lokalen Autonomie eingerichtet, und die Bildungsabteilungen jedes Staates führen die Bildung im Namen des Staates durch. Die Universitäten sind im allgemeinen staatlich unter der Aufsicht staatlicher Gesetze. Im Bereich der Hochschulbildung haben sechzehn Staaten die gesetzgeberische und administrative Macht und investieren in sie. Die Verwaltungsmacht der Bildung wird hauptsächlich von den Staaten durch ihre jeweiligen Bildungsministerien umgesetzt. Die Funktionen der staatlichen Regierung sind wie folgt:

Erstens: Die Hochschulausbildung zu absolvieren. Die Regierung ist verantwortlich für die Unterstützung von Hochschulen und Universitäten. Die Regierung ist verpflichtet, Mittel bereitzustellen, um den normalen Betrieb von Hochschulen und Universitäten, einschließlich der notwendigen Lehr- und Forschungsfonds, Instrument- und Ausrüstungskosten, Bürogelder und Gehälter von Lehr- und Forschungspersonal, sicherzustellen, dass Lehr- und Wissenschaftsbedingungen anerkannten Standards entsprechen und dass die Gehälter der Lehr und Forscher ihre grundlegenden Lebensbedürfnisse sichern können. Die staatliche Regierung bietet auch unbegrenzte Garantien für die öffentlichen Wohlfahrtstätigkeiten von Hochschulen und Universitäten, was sich in der entsprechenden Garantie der Regierung für die Landnutzung von Hochschulen und Universitäten sowie der Akzeptanz von Sozialspenden und anderen Aspekten widerspiegelt.

Zweitens: Direkte Verwaltung der Hochschulen. Die Managementfunktion der staatlichen Hochschulen und Universitäten umfasst nicht die akademischen Angelegenheiten von Hochschulen und Universitäten. Ziel des Managements sind in der Tat die Angelegenheiten, die direkt mit den Ressourcen in Zusammenhang stehen und mit den grundlegenden Laufbedingungen von Hochschulen und Universitäten zusammenhängen. Kerninhalte sind die direkten Finanz- und Personalfragen, insbesondere die folgenden Aspekte: Personalmanagement, Wirtschaft, Haushalt und Finanzverwaltung, Einschreibungsplanagementmanagement, Medizinisches Be triebsmanagementdeckungsgleich. Die Aufgaben der staatlichen Regierung können Hochschulen und Universitäten durch entsprechende Berechtigungen übertragen werden, um die traditionelle Trennung von akademischem und nichtakademischem Management in Colleges und Universitäten zu überwinden, die Verantwortung von Colleges und Universitäten zu stärken und die reibungslose Erfüllung der Aufgaben von Colleges und Universitäten zu gewährleisten.

Drittens: Zur Umsetzung der Aufsichtsfunktion von Hochschulen und Universitäten. Die Beaufsichtigung der Hochschulen durch die Bundesregierung wird in der Regel von den entsprechenden staatlichen Stellen abgeschlossen und wird vor allem durch rechtliche Aufsicht und professionelle Aufsicht realisiert.

3.3 Management der Organisation und Funktionen der Universität

Die Organisationsstruktur der deutschen Universitäten besteht aus drei Ebenen. Am grundlegendsten ist der Vortrag (äquivalent zum Lehr- und Forschungsbüro in China), der in der Regel von einem Professor gehalten und geleitet wird. Der Professor hat das Recht, den Lehrplan, den Lehrinhalt und die Prüfungsbeurteilung zu entscheiden. Das Institut ist eine parallele Institution mit Vorlesungen und ist die wichtigste Position für Professoren, um Forschungstätigkeiten durchzuführen. Die zweite Stufe ist die Abteilungsebene-Management-Organisation (Abteilung oder Zweig), die vom „Department Affairs Committee " geleitet wird, die aus Vortragsprofessoren besteht. Sie ist vor allem verantwortlich für die Gesamtkonzeption der Kurse in verschiedenen Disziplinen und die Empfehlung der Kandidaten für Vortragsprofessoren an die Regierung. Der Direktor wird von den Mitgliedern des Ausschusses für eine Amtszeit von einem Jahr gewählt. Er ist nur für die täglichen Angelegenheiten verantwortlich und hat im Vergleich zu Vorträgen,aber keine materielle Macht. Die höchste Stufe ist der Universitätsrat, der sich aus Vertretern aller Abteilungen und einiger Professoren zusammensetzt. Da die Regierung für die meisten Angelegenheiten der Schule verantwortlich ist, während die Lehr- und Forschungsaktivitäten im Grunde die Vortragsverantwortung sind, gibt es für den Rat eigentlich keine Arbeit mehr. Auch wenn es Arbeit gibt, zielt sie auch darauf ab, die Interessen jedes Professors auszugleichen. Die interne Verwaltung der Universitäten ist relativ locker und die Organisationsrechte sind schwach. Das interne Management-System der deutschen Universitäten verkörpert typischerweise die Merkmale der Professoren, die die Universität leiten. Einerseits unterstützt es das System der direkten Verwaltung der Regierung, andererseits bietet es mehr Autonomie und Freiheit für Professoren. Als sich eines der staatlichen Hochschulen deutsche Hochschulen mit den internen Angelegenheiten und anderen damit zusammenhängenden Angelegenheiten befassen, die auf dem Status der juristischen Person beruhen, umfassen die inneren Angelegenheiten der Schule alle Angelegenheiten der Schule. Zu den weiteren Angelegenheiten gehören die Personalfragen der Beamten der Universität, die Vorlage des Finanzplans der Universität an die Regierung, die Berichterstattung über die finanzielle Lage, der Plan für den Erwerb von Ausrüstung und die Planung und der tatsächliche Prozess der Immobilien und Infrastruktur der Universität, die Umsetzung der Bestimmungen über die Einschreibung und den Auszug von Studenten aus der Universität, die Durchführung staatlich anerkannter Prüfungen, die Formulierung und Umsetzung verschiedener Regeln und Vorschriften, und die Behandlung anderer Angelegenheiten, die durch die Gesetzgebung festgelegt sind, usw. Die Führung und die Institutionen auf Hochschulebene umfassen im Allgemeinen den Präsidenten, Vizepräsidenten, Leiter, Schulkongress und Schulevaluierungsrat. Das Büro des Präsidenten, das aus dem Präsidenten, Vizepräsidenten und Chefexekutivvorsitzenden und vom Präsidenten geleitet wird, sowie verschiedene ständige Ausschüsse, die vom Präsidenten oder Vizepräsidenten geleitet werden, führen die interne Leitung der Universität durch Entscheidungsfindungsorgane.

3.4 Analyse von Problemen im Managementsystem

Das größte Merkmal oder Vorteil des deutschen Hochschulsystems ist, dass es den Wissenschaftlern volle akademische Freiheit und akademische Autonomie gewährt. Gerade aufgrund dieses Systems werden deutsche Universitäten bis zur ersten Hälfte des zwanzigsten Jahrhunderts zu den höchsten Universitäten im 19. Jahrhundert. Es besteht jedoch kein Zweifel daran, dass die Probleme des deutschen Hochschulsystems ganz offensichtlich sind. Ihr größter Fehler ist, dass die Universität als Organisation vollständig der Regierung unterliegt. Als Organisator und Manager der Universität übt die Regierung durch das „duale Management System " direkte Kontrolle über die Universität aus. Zunächst verwaltet die Regierung die Universität, indem sie die endgültige Entscheidungsbefugnis für die wichtigsten Angelegenheiten und die Verwendung von Mitteln und die Personalverwaltung der Universität. Nach dem Gesetz sollten alle wichtigen Angelegenheiten der deutschen Universitäten vom Bildungsministerium der Regierung anerkannt werden. Die Mittel werden vollständig von der Regierung bereitgestellt, und die Verwendung wird vollständig nach dem von der Regierung geschaffenen Haushalt durchgeführt, und die Universität selbst kann nicht geändert werden. Als Beamter werden die Zahl und die spezifischen Kandidaten der Universitätsprofessoren letztlich von der Regierung bestimmt. Zweitens verwaltet die Regierung die Universität im Namen der Regierung, indem sie einen Supervisor oder einen Dekan ernennt. Sie sind direkt der Regierung gegenüber verantwortlich und werden nicht von der Universität kontrolliert. Im Rahmen des dualen Managementsystems haben die Universitäten wenig Autonomie. Im Gegenteil haben die Gelehrten selbst große Autonomie. Die Professoren stehen direkt unter der Leitung der Regierung, viele Dinge können die Schule umgehen, um direkt mit der Regierung umzugehen. Die meisten Professoren haben entsprechende Forschungsinstitute, die als „staatliche Institutionen " angesehen werden, deren Ausrüstung, Mittel und Plätze von den Professoren selbst vollständig verwaltet werden. Die von den Professoren durchgeführten Forschungsvorhaben und -mittel werden direkt von der Regierung bezogen, während die Regierung nur Projekte einrichtet und die spezifische Forschung ausschließlich von Professoren bestimmt wird. Im Rahmen des Lehrsystems werden grundsätzlich alle Lehraktivitäten von den Professoren entschieden, die absolute Rechte an der Universität haben.

Obwohl die Verwaltung der Hochschulbildung in Deutschland in zwei Teile unterteilt wurde: Nationale Verwaltung und akademische Selbstverwaltung, sind die beiden Teile klar in Form definiert, aber sie befinden sich immer in einem komplexen und heiklen Verhältnis. Die staatliche Kontrolle und die Hochschulautonomie sind immer ein Paar ewige Widersprüche in der Entwicklung der deutschen Hochschulbildung. Unter ihnen sind die unabhängigen Bemühungen von Hochschulen und Universitäten der wichtigste Aspekt des Widerspruchs. Zu diesem Zweck wird die Bundesregierung die Macht der Selbstverwaltung erweitern und die Fähigkeit der Selbstverantwortung von Hochschulen und Universitäten verbessern. Auf der Grundlage der Klärung der bedingten finanziellen Zuweisungen der Regierung zielt die Bundesregierung darauf ab, Hochschulen und Universitäten die größtmögliche Autonomie zu erhalten, ihre eigenen Merkmale unabhängig zu konstruieren und ihre eigene Wettbewerbsfähigkeit zu verbessern.

4. Studium und Bildungssystem

4.1 Überblick übers Studium und Schulsystem

In Deutschland gibt es keine nationale oder staatliche Aufnahmeprüfung, und Absolventen der 13-jährigen oder gleichwertigen Gesamtschule (Arts and Science Secondary School) erhalten zur gleichen Zeit nach Abschluss der Sekundarstufe eine

Hochschulreife. Nach der Vereinbarung der Staaten sind die Schulen verpflichtet, alle Jugendlichen, die diese Qualifikation erworben haben, zu akzeptieren. In der Regel können die Erstsemester frei Schule und Hauptfach wählen, aber mit dem Anstieg der Einschreibung sind viele Hauptfächer überfüllt, was zu der Grenze der Einschreibung führt, die hauptsächlich Medizin, Recht, Psychologie und andere Hauptfächer einschließt. Die Schüler wählen normalerweise die nächste Schule. Das traditionelle Hochschulsystem in Deutschland ist Master- und Doktorgrad. Der Master-Abschluss der ersten Stufe wird im deutschen Recht als „Juniordiplom " bezeichnet, einschließlich Diplom-Master-Abschluss, Master-Abschluss und Theologiestudium. Diplome und Master-Abschlüsse werden hauptsächlich von den Hauptfächern Naturwissenschaften und Ingenieurwissenschaften verliehen, aber in den letzten Jahren haben auch immer mehr Geisteswissenschaften solche Abschlüsse wie Psychologie, Soziologie, Bildung, Wirtschaft usw. verliehen. In der Regel wird der Masterabschluss hauptsächlich vom Geisteswissenschaften-Hauptfach verliehen, aber derzeit gibt es auch naturwissenschaftliche Hauptfächer, wie z.B. den Master in Geowissenschaften. Der zweite Grad ist der fortgeschrittene Grad, einschließlich des Doktors und des Professors alternativen Qualifikationsabschlusses. Nur akademische Hochschulen haben das Recht, diese beiden Abschlüsse zu gewähren. Fachhochschulen, Colleges und Universitäten für Musik und Kunst haben kein Recht, solche Abschlüsse zu vergeben. Obwohl der Grad der alternativen Qualifikation des Professors auch als der zweite Grad klassifiziert wird, ist sein tatsächliches Niveau höher als das des Doktortitels. Erst nach drei bis fünf Jahren akademischer Forschung und einigen Leistungen kann der Grad der alternativen Qualifikation des Professors erworben werden.

Die reguläre Studienzeit des Masterstudiums beträgt in der Regel acht bis zehn Semester, der medizinische Studiengang beträgt zwölf Semester, und die tatsächliche Studienzeit der Studierenden dauert in der Regel fünf bis sieben Jahre. Deutsche Hochschulen und Universitäten haben drei Arten von Abschlussprüfungen: Sch-ulprüfung, nationale Prüfung und kirchliche Prüfung. Studierende können nach Abschluss der im Lehrplan genannten Kurse Master-Abschluss und Bestehen der Schulprüfung oder der nationalen Prüfung erhalten. In der deutschen Promotion gibt es weder eine Frist noch einen Pflichtkurs. Die Doktoranden müssen unter der Leitung oder in Zusammenarbeit mit einem Professor forschen. Sie sind in der Regel keine Studenten, aber sie können von Universitäten oder Unternehmen angestellt werden. Ihre Hauptaufgabe ist es, im Rahmen des Arbeitgeberprojekts Forschung zu betreiben und Doktorarbeit zu schreiben. Während der Promotionsstudie gibt es keine spezifischen Kursanforderungen, aber es gibt zwei Kurse, die nicht vom Fachbereich angeboten werden. Nach der Promotion wird eine Reihe von Kursen (in der Regel drei) als Abschluss der Promotionsstudie bezeichnet. Nach Abschluss der Dissertation und der Prüfung kann der Promotionsstudium erworben werden. Im Prinzip erst nach dem ersten Studienabschluss der Universität, aber erst kürzlich hat die deutsche Regierung diese Regelung gelockert, und Studenten, die nur einen höheren Berufsabschluss erhalten haben, aber hervorragende Leistungen erbracht haben, dürfen konditional für einen Doktortitel studieren. Für ausländische Studierende müssen sie einen Master an einer international anerkannten Universität erwerben. Am wichtigsten ist es, einen Universitätsprofessor zu haben, die finanzielle Unterstützung übernimmt und leistet. Internationale Studierende müssen in der Regel mehrere Kurse in verwandten Bereichen absolvieren. Deutschland legt großen Wert auf den Doktortitel, so dass er der Dissertationsverteidigung besondere Aufmerksamkeit widmet. Während der Verteidigung werden auch ihre Eltern eingeladen. Nach der Verteidigung, neben der Parteifeier, feiern einige Universitäten auch auf ihre eigene einzigartige Art und Weise, und es ist eine besondere Ehre für deutsche Universitäten, das Recht auf Promotion zu haben.

Die deutschen Universitäten regeln nur die Dauer des Studiums in der Schule, im Allgemeinen acht bis zehn Semester, aber es gibt keine klare Regelung über die maximale Anzahl der Semester, so dass die deutschen Universitäten keine klaren Regelungen über die Dauer der Schulbildung haben. Das Studienjahr der deutschen Universität ist auch in zwei Semester unterteilt, d.h. Winterzeit (von Oktober bis März des zweiten Jahres) und Sommerzeit (von April bis Ende September). Der Semester ist etwa sieben Monate lang und die einjährige Suspendierung (z.B. Winter- und Sommerurlaub) beträgt etwa fünf Monate. Die Lehrpläne und die Dauer der

Schulbildung variieren von Universität zu Universität und werden durch Lern- und Prüfungsvorschriften geregelt. Die Studiengänge der Universität gliedern sich in die Grundstufe und die berufliche Stufe. Im Allgemeinen kann die Halbzeitprüfung zwei Jahre später durchgeführt werden, und nur diejenigen, die die Prüfung bestehen, können in die berufliche Phase des Studiums eintreten. Die Eliminationsrate der deutschen Universitäten ist relativ hoch. Viele Studenten können die Vorprüfung nach zwei Jahren Basiskurse nicht bestehen. An der Technischen Universität Aachen erhalten beispielsweise nur die Hälfte der Studierenden einen Abschluss.

4.2 Analyse der Probleme im Hochschulsystem

Deutschland übernimmt das traditionelle Masterstudiensystem und das Doktorsystem, das dem international anerkannten Bachelor-System, dem Master-Studium und dem Doktorsystem nicht entspricht. Unter dem Hintergrund der Globalisierung und der europäischen Integration werden die Nachteile dieses Graduiertensystems zunehmend sichtbar. Zunächst einmal führt dieses System dazu, dass die Schüler zu viel Zeit in der Schule verbringen, was nicht nur Bildungsressourcen verschwendet, sondern auch dazu führt, dass die Schüler älter werden, wenn sie ihren Abschluss machen und ihre internationale Wettbewerbsfähigkeit auf dem Arbeitsmarkt verlieren. Zweitens sind die Unterschiede in der Studienstufe in Deutschland sowie die Tatsache, dass die meisten Hochschulen und Universitäten das „Credit Conversion System " noch nicht implementiert haben, sehr streng bei der Anerkennung der im Ausland erzielten Lern- und Prüfungsergebnisse. Darüber hinaus macht die Länge des Lernsystems und andere Gründe eine beträchtliche Anzahl von Studenten, die in Deutschland studieren wollen, geschrumpft, was deutsche Hochschulen und Universitäten in der internationalen Wettbewerbsfähigkeit schrumpfen lässt, was der Internationalisierung der deutschen Hochschulbildung nicht förderlich ist. Darüber hinaus gibt es im Rahmen der europäischen Integration Unterschiede zwischen dem deutschen Hochschulsystem und anderen europäischen Ländern, die den Austausch und der Zusammenarbeit zwischen ihnen und die Entwicklung der europäischen Hochschulintegration nicht förderlich sind.

In Deutschland ist die Tradition der Lehrfreiheit erhalten geblieben und die Studierenden genießen die volle Studienfreiheit. In der Lehre der deutschen Universitäten ist das Curriculumsystem kein Klassensystem. Jeder Hochschulstudent kann nach den Lernregeln und Prüfungsvorschriften frei wählen, Lernpläne erstellen, eigene Fächer veranstalten und Workshops, große Kurse und Praktika wählen. Jede große Abteilung bestimmt nur die Anzahl der Kurse, die die Studenten absolvieren müssen, und macht keinen Lehrplan für die Studenten. In jedem Semester können die Studenten die Kurse frei nach ihren eigenen Bedingungen und Plänen wählen. Der Kurs hat eine große Flexibilität, die sowohl Vor- als auch Nachteile hat. Erstens sind viele Universitätsanfänger über den Lehrplan verwirrt und haben keine Wahl. Wenn sie ihr Studium kontrollieren können, haben sie Zeit verschwendet. Zweitens, in Deutschland, mit Ausnahme der Studiengänge mit Zulassungsbeschränkungen, wählen die Studenten Universitäten, nicht die Universitäten. Die Studienteilnehmer können ihre Hauptfächer und Schulen halbwegs wechseln oder sogar vorübergehend unterbrechen, um während der Studienzeit die Lebenshaltungskosten zu erhalten, was die Studienzeit verlängert.

Deutschland bietet jedem Studenten die Möglichkeit, an eine Universität zu gehen und nimmt die Politik de, weiten Eintritts und des strikten Ausstiegs " an.Seine Vorteile liegen auf der Hand: Es kann mehr Studenten dazu bringen, an eine Universität zu gehen, ohne ihr Leben durch den Erfolg oder das Scheitern einer Prüfung zu bestimmen, was die Bildungsgerechtigkeit gewährleistet. Gleichzeitig hat die Universität auch mehr Möglichkeiten, hervorragende Talente auszuwählen und ein strikter Ausstieg kann das Gesamtniveau der Absolventen verbessern. Aufgrund der ungleichen Qualität der Studierenden und der großen Unterschiede in der Lernfähigkeit, unter der Bedingung, dass die Studierenden die strenge Kursprüfung bestehen müssen, um die Graduierung zu erhalten, kann eine beträchtliche Anzahl von Studierenden ihr Studium nicht innerhalb der vorgeschriebenen Lernzeit absolvieren und ihre Lernjahre immer wieder verzögern, was die ohnehin angespannten Bildungsressourcen immer mehr einschränkt. Der Mangel an Bildungsressourcen bringt die Studierenden in Schwierigkeiten, was zu der geringen Effizienz des Studiums und dem Scheitern des Studiums im planmäßigen Rahmen führt und einen Teufelskreis bildet. Es gibt auch das kostenlose Aufnahmesystem in Deutschland, das die Studenten ohne wirtschaftlichen Druck studieren lässt. Einige Studenten können das Studium nicht verstehen und können nicht wie geplant abschließen. Darüber hinaus verschieben viele Studenten mit der Verschärfung des Wettbewerbs und der Zunahme des Beschäftigungsdrucks ihren Abschluss, um den Beschäftigungsdruck zu vermeiden, weil sie als Studenten viele bevorzugte Politik der Regierung genießen können. Obwohl das Schulsystem der deutschen Hochschuleinrichtungen aufgrund der oben genannten Gründe auf acht bis zehn Semester gesetzt ist, dauert es oft 14 bis 16 Semester, um ihr Studium abzuschließen. Nach Angaben der Statistik dauert es in Deutschland im Durchschnitt fast acht Jahre bis zum Hochschulabschluss. Das durchschnittliche Alter deutscher Jugendlicher mit Hochschulabschluss ist 27,24 Jahre, bedeutend höher als andere Länder, fast 23 Jahre im Vereinigten Königreich, 24 Jahre in den Vereinigten Staaten und 26 Jahre in Frankreich.

Kapitel zwei Aufbau und Entwicklung des Qualitätssicherungssystems der Deutschen Hochschulausbildung

Das interne Gewährleistungssystem der deutschen Hochschulbildung ist ein unabhängiges Managementsverfahren, das auf der Systemzertifizierung basiert. Durch die „Systemzertifizierung" haben Hochschulen und Universitäten bewiesen, dass ihre Unterrichtsqualität den einschlägigen Qualitätsstandards entsprechen und qualitativ hochwertige Lehre bieten kann. Das interne Qualitätssicherungssystem der Hochschulbildung wird eingerichtet, um durch „Systemzertifizierung" die Befugnis zur unabhängigen beruflichen Zertifizierung zu erhalten, während die externe Evaluierung und interne Evaluierung das gute Funktionieren des internen Qualitätssicherungssystems der Hochschulbildung gewährleisten sollen. Das interne Qualitätssicherungssystem der deutschen Hochschulbildung umfasst daher externe und interne Qualitätsbewertungen und eine unabhängige, auf Systemzertifizierung basierende professionelle Zertifizierung. Der kontinuierliche Betrieb des internen Qualitätssicherungssystems soll sich nach Ablauf der Frist erneut auf die Systemzertifizierung vorbereiten.

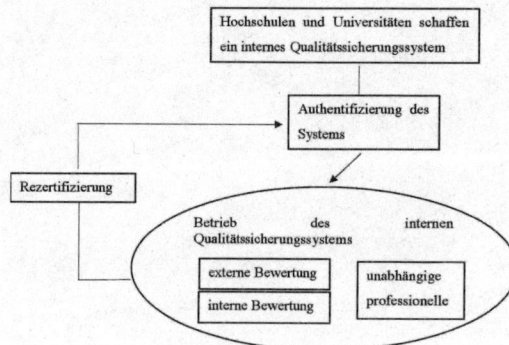

Abbildung 1   Faktoren im internen Qualitätssicherungssystem

Deutschland hat zunächst den Zertifizierungsausschuss eingerichtet, um die reibungslose Entwicklung der beruflichen Zertifizierung zu gewährleisten. Nach der Gründung des Zertifizierungsausschusses haben sich viele Bewertungsagenturen auch als Zertifizierungsstellen beworben, die mit der Zertifizierung von Hochschulen begonnen haben. Im Zertifizierungsprozess ist die Bewertung eine unverzichtbare Rolle, so dass Evaluation und Zertifizierung in hohem Maße miteinander verknüpft sind, aber weil beide ihre eigenen unabhängigen Institutionen, Verordnungen und Verfahren haben, die im internen Qualitätssicherungssystem unterschiedliche wichtige Rolle spielen, werden sie getrennt diskutiert.

1. Die historische Entwicklung des deutschen Qualitätssicherungssystems

1.1 „implizite " Periode der deutschen Qualitätssicherung der Hochschulbildung

Die Reform der Hochschulbildung in Deutschland in den 1960er Jahren wurde von allen Lebensbereichen in den 80er Jahren kritisiert. Die Qualität der Hochschulbildung steht im Mittelpunkt der deutschen Gesellschaft. Die Gesellschaft begann auf die Qualität der Bildung zu achten, hat aber nicht die Bedeutung des Qualitätssicherungssystems erkannt. In den 80er Jahren begannen mehrere Länder Westeuropas die Hochschulbildung zu bewerten, doch zu dieser Zeit befand sich Deutschland noch in der Wartephase. Die Bundesregierung Deutschlands versuchte, die extreme Rolle von Regierung und Akademie durch „Wettbewerb und Unterschied " zu beeinflussen, um die Hochschulbildung im täglichen Betrieb und bei der Fondsverteilung wettbewerbsfähiger zu machen. Tatsächlich wurde in Bayern ein Universitätsplanungsausschuss, später der Beratende Ausschuss für Wissenschaft und Hochschulfragen, zu dieser Zeit gegründet, der für die Hochschulbewertung zuständig war, aber nicht für die Öffentlichkeit. Soweit wir wissen, ist es eine „versteckte " Organisation, weil die Ergebnisse ihrer Bewertung nicht der

Öffentlichkeit zugänglich gemacht werden, sondern nur als interne Referenz. Im Jahr 1968 gab es eine Studentenbewegung in Europa. In dieser Zeit führte Deutschland erstmals das Konzept der Qualitätssicherung ein und setzte es auf die Einrichtung der Bewertungsstruktur der „Reformuniversität ". Die akademische Bewegung 1968 machte den Unterricht zu einem der Schwerpunkte der Gesellschaft und förderte das Aufkommen der Hochschulbildung. Gleichzeitig förderte sie auch die Entwicklung von Methoden zur Bewertung der Struktur und des Inhalts der Hochschulbildung, um die Entwicklung der Qualität der Hochschulbildung zu fördern. Ziel der Einführung des Qualitätssicherungskonzepts ist der Aufbau einer modernen Universität und Gesellschaft, insbesondere zur „Reform der Universität ". Die „Reformuniversitäten " wurden im Allgemeinen im Jahr 1968 nach der Schulbewegung gegründet. Sie nutzten die Evaluation als Instrument zur kontinuierlichen Verbesserung der Universitäten, aber nach einer Welle der Popularität wurden diese Praktiken nach den 1980er Jahren aufgegeben, und sie wurden nicht wiederbelebt, bis der Bologna-Prozess ins Leben kam.In diesem Zeitraum, obwohl das Konzept der Qualitätssicherung zunächst in Deutschland eingeführt wurde, achteten die Regierung und die Universitäten mehr auf das Verhältnis zwischen Wettbewerbsfähigkeit und Wirtschaft und erkannten nicht die wichtige Rolle der Qualität der Hochschulbildung darin, d.h. sie haben nicht speziell Qualitätssicherungsmittel eingeführt, noch haben sie die spezifischen Methoden oder Sicherungssysteme für den Aufbau der Hochschulqualität fortgesetzt, also egal ob die Regierung oder die Universität. Die Qualitätssicherung der Hochschulbildung gehört zur Zeit der „internen Rezessivität.

1.2 „externe Dominanz " der Qualitätssicherung des deutschen Hochschulwesens

Mitte der 90er Jahre wurde die Integration des Evaluierungskonzepts der „Reformuniversität " und des später populären neuen öffentlichen Managementkonzepts in den folgenden drei Veranstaltungen zum Ausdruck gebracht: Erstens, im Jahr 1994 startete die gemeinsame Konferenz des deutschen wissenschaftlichen Komitees und der deutschen Universitätspräsidenten zwei experimentelle Projekte, die darauf abzielen, die Diskussion der nationalen Evaluierungspolitiken zu stärken und akzeptable Qualitätsstandards festzulegen. Zweitens, im 1996 gab der Wissenschaftliche Ausschuss die „Vorschläge zur Förderung der Verbesserung der Qualität des Hochschulunterrichts durch Evaluierung " heraus, um ein Hochschulcurriculumsystem mit klaren Zielen und Merkmalen zu schaffen. Drittens, im Jahr 1998 hat die gemeinsame Sitzung der Kultur- und Bildungsminister jedes Staates einen Zertifizierungsausschuss eingerichtet, der den Aufbau des Hochschulcurriculumsystems und die Qualität des Unterrichts verbessern soll, der für die Zertifizierung von Studiengängen und die Prüfung und Überwachung der Bewertungseinrichtungen zuständig ist.

In den 1990er Jahren verkörpern die revidierten allgemeinen Grundsätze des Hochschulrechts das Ziel der Gleichheit, des Wettbewerbs, der Effizienz, der Offenheit und der Autonomie der deutschen Hochschulbildung. Zu den wichtigsten Inhalten gehören die Mittel des Staates für Hochschulen und Universitäten, dass man die Einrichtung eines Kreditsystems des Kursflusses in Europa verstärkt und „Bachelor " und „Master " an Hochschulen und Universitäten gewährt. Das Bewertungssystem der wissenschaftlichen Forschung unter Beteiligung der Studierenden wird eingerichtet. Das von der Bundesregierung Deutschlands eingeführte Evaluierungssystem zielt vor allem auf die Leistung von Hochschulen und Universitäten ab und dient als Grundlage der nationalen Mittelausstattung und der internen Fondsverteilung von Hochschulen und Universitäten als Basisindex der Evaluierung. Gleichzeitig fordert die Regierung die Studierenden auf, an der Bewertung der Qualität des Unterrichts an Hochschulen und Universitäten teilzunehmen und die Evaluierungsergebnisse zu veröffentlichen.

Im gleichen Jahr hat die gemeinsame Konferenz der deutschen Hochschulpräsidenten während der Vorbereitung auf den Bologna-Prozess das Qualitätssicherungsprojekt ins Leben gerufen, das dazu beitragen soll, die Struktur und Verfahren der Qualitätssicherung in der deutschen Hochschulbildung zu etablieren. Deshalb sind die Mitarbeiter des Projekts an der Universität aktiv und versuchen, der Universität bei der Etablierung entsprechender Aktivitäten des internen Qualitätssicherungssystems zu helfen. Im Jahr 1999, 29-europäischen Ländern legte der Bologna-Prozess, der europäische Hochschulreform-Plan, in Bologna, Italien vor. Mit diesem Trend hat

Deutschland ein neues externes Bildungs-Qualitätssicherungssystem eingeführt, nicht nur um die Einrichtung eines institutionellen Verantwortungssystems zu fordern, sondern auch um die Verwendung öffentlicher Mittel zu überwachen.

2. Auswirkungen des Bologna-Prozesses auf das Qualitätssicherungssystem der Hochschulbildung

Die Einführung des Bologna-Prozesses spielt eine wichtige Rolle bei der Förderung der allgemeinen Entwicklung der deutschen Hochschulbildung. Im 1999 wurde der Bologna-Prozess von 29-europäischen Ländern positiv reagiert, die gemeinsam die Bologna-Erklärung unterzeichneten.Der Bologna-Prozess entstand in Paris. Am Mai 25, 1998 gaben die Bildungsminister Frankreichs, Deutschlands, Italiens und Großbritanniens die Sorbonne-Erklärung an der Universität von Paris, Frankreich, aus und schlugen vor, einen offenen „europäischen Hochschulraum " einzurichten. Ziel des Bologna-Prozesses ist es, den Aufbau eines europäischen Hochschulraums zu verwirklichen und zu verbessern, der in den folgenden Aspekten verankert ist: ① Förderung der Mobilität von Studenten, Alumni und Arbeitnehmern. ② Verbesserung der internationalen Wettbewerbsfähigkeit. ③ gegenseitige Anerkennung von Studienleistungen und Abschlüssen. ④ Vergleichbarkeit von Lernstrukturen und Abschlüssen (Bachelor/Master-Modus). ⑤ Zusammenarbeit bei der Qualitätssicherung. ⑥ offene und transparente Instrumente wie das europäische Kreditsystem (ECT) schaffen und nutzen. ⑦ eine Kultur des lebensbegleitenden Lernens etablieren. ⑧ die Teilnahme der Studierenden und die Methoden des studentischen Lernens. ⑨ Ziele für die Integration auf sozialer Ebene setzen.

Der Deutsche Zertifizierungsausschuss überwacht und organisiert die regelmäßige Evaluierung von Zertifizierungsverfahren und -systemen. Im Jahr 2007 hat Deutschland den Rotationsmechanismus der Qualitätszertifizierung eingeführt. Zur Zeit können deutsche Hochschulen und Universitäten die „Systemzertifizierung " für die Zertifizierung des Bildungssystems wählen. Der Schlüssel des Zertifizierungsprozesses ist das Bestehen und der Betrieb des internen Qualitätssicherungsprogramms. Nach der Einführung der Bachelor- und Masterstudiensysteme war die Qualitätssicherung immer ein kontroverser Bestandteil des Bologna-Prozesses: regelmäßige Qualitätsbewertung der Hochschulausbildung durch Zertifizierungsstellen zur Feststellung, ob ein System gut genug ist, es gibt auch Mitarbeiter in Colleges und Universitäten, die die Qualität des Bildungssystems testen, was bedeutet, dass sich einige Ideen grundlegend ändern werden. Die Länder haben eine Einigung über die Entwicklung eines gemeinsamen Qualitätssicherungssystems erzielt, das auf den gemeinsamen Qualitätssicherungsstandards im europäischen Hochschulbereich beruht, einschließlich interner und externer Qualitätssicherungsstandards, sowie einigen Grundsätzen, wie dem Grundsatz der regelmäßigen Bewertung von Qualitätssicherungseinrichtungen oder anderen unterstützenden Grundsätzen.

Die Aufsicht über Hochschuleinrichtungen wird von den zuständigen wissenschaftlichen und Forschungsabteilungen des Bundes kontrolliert. Die externe Evaluierung wird von Regionen oder über Netzwerke oder andere staatliche Hochschulen durchgeführt. Die Vorstandssitzung der Minister für Bildung und Kultur in der Föderation hat einen von der Stiftung akkreditierten Forschungskurs in Deutschland eingerichtet, dessen Aufgabe es ist, folgende Aufgaben zu erfüllen:

(1) durch die Begutachtung der Vergabe innerhalb der Frist von Zertifizierungs- und Zertifizierungseinrichtungen.

(2) Die spezifische Struktur jedes Staates leitet die Entwicklung eines für die Zertifizierungsstellen verbindlichen Codes.

(3) erforderliche Mindestzertifizierungsverfahren, einschließlich Vorbedingungen und Qualifikationsbeschränkungen für die gebündelte Zertifizierung.

(4) Überwachung der Zertifizierungsstellen, die die Zertifizierung durchführen.

Der Bologna-Prozess hat bei der Planung und Entwicklung der Hochschulbildung in Europa eine wichtige Rolle gespielt. Unter dem Einfluss des Bologna-Prozesses versuchen auch deutsche Universitäten, das Verhältnis zwischen Management und Personal mit neuen Methoden wie der Schaffung eines einheitlichen Hochschulsystems, des Qualitätssicherungssystems, Lehrplans, Curriculumdesign, Systemforschung usw. zu rekonstruieren. Daher wurden interne Institutionen wie „Quality Assurance Center", „Institute of Hochschulentwicklung" und „Curriculum Design Management", die von der Universitätsverwaltung getrennt sind, eingerichtet, um akademische Dienstleistungen zu erbringen, um die Nachteile von Universitäten zu ändern und Universitäten zu helfen, die möglichen Herausforderungen im Bologna-Prozess zu bewältigen. Unter dem Einfluss des Bologna-Prozesses haben sich große Veränderungen in der Lehrstruktur der europäischen Universitäten vollzogen, was auch „Ketteneffekt" zur Entwicklung der europäischen Hochschulbildung bringt.

3. Überblick über das Qualitätssicherungssystem der Hochschulbildung in Deutschland

Deutschland hat das Bewertungssystem in den 90er Jahren eingeführt und dann das auf dem amerikanischen Zertifizierungssystem basierende professionelle Zertifizierungssystem eingeführt. Der Kern des Gesamtsystems der Qualitätssicherung in der Hochschulbildung in Deutschland ist die Qualitätsbewertung und die Qualitätszertifizierung. Sie verfügen über eigene Systeme, die zusammen das deutsche Qualitätssicherungssystem der Hochschulbildung bilden. Laut Egon Guba ist der Zweck der Bewertung eher zu verbessern als zu beweisen, was der größte Unterschied zwischen Bewertung und Zertifizierung ist. Der erste Zweck der Evaluierung ist die Analyse der Vor- und Nachteile von Universitäten, Hochschulen und Abteilungen, um die Unterrichtsqualität der Hochschulbildung zu verbessern. Ziel der Evaluierung der Hochschulbildung ist es, die Qualität der Führung einer Schule, die Qualität des Unterrichts und das Niveau der Autonomie durch die Evaluierung der Hochschulbildung zu verbessern, um der Gesellschaft besser zu dienen und den Bedürfnissen des internationalen Wettbewerbs gerecht zu werden. Die Bewertung der Hochschulprofessoren in Deutschland war schon immer umstritten. So gibt es beispielsweise keine klaren quantitativen Standards für die akademischeundwissenschaftlicheForschung,dieBewertungskostensindzuhoch, und selbst und selbst die Gesamtergebnisse werden durch die Inkompetenz einiger Professoren beeinflusst. Unterschiedliche Situationen an verschiedenen Universitäten bringen viele Schwierigkeiten bei der Bewertung mit sich.

Die berufliche Zertifizierung umfasst eine externe professionelle Zertifizierung und eine unabhängige professionelle Zertifizierung von Hochschulen und Universitäten. Ziel ist es, zu überprüfen, ob der Schwerpunkt und der Lehrplan durch vorgegebene Prüfungen und externe Standards aufgestellt werden können, um die Qualität von Lehre und Forschung zu verbessern und zu bestimmen. Die Systemzertifizierung soll das gesamte interne Qualitätssicherungssystem von Hochschulen und Universitäten zertifizieren, um sicherzustellen, dass es selbst zertifiziert werden kann, um den finanziellen Druck und den Zeitverbrauch von Hochschulen und Universitäten zu verringern, die der Kern und die Entwicklungskraft des internen Qualitätssicherungssystems sind.

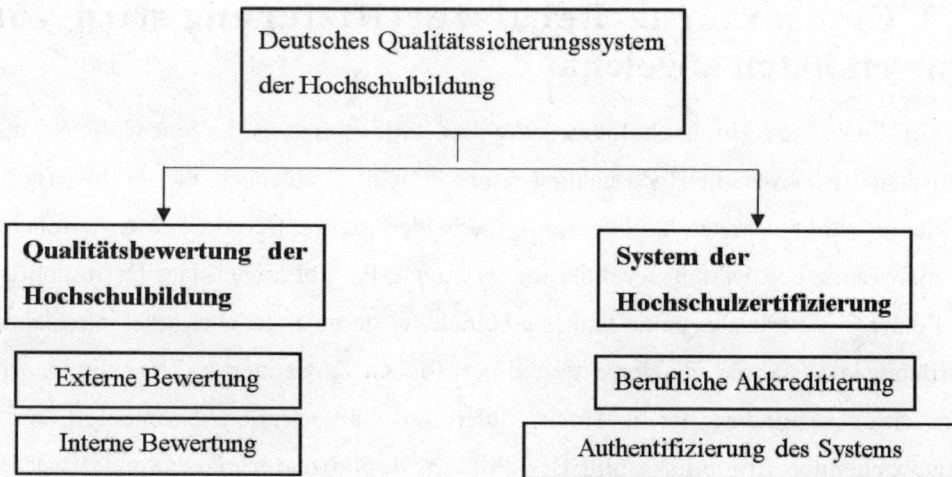

```
┌─────────────────────────────────────┐
│ Deutsches Qualitätssicherungssystem  │
│ der Hochschulbildung                 │
└─────────────────────────────────────┘
```

Qualitätsbewertung der Hochschulbildung	System der Hochschulzertifizierung
Externe Bewertung	Berufliche Akkreditierung
Interne Bewertung	Authentifizierung des Systems

Abbildung 2   Qualitätssicherung des deutschen Hochschulwesens

Das deutsche Qualitätssicherungssystem der Hochschulbildung umfasst ein externes Qualitätssicherungssystem mit externer Fachzertifizierung und -bewertung als Kern- und inneres Qualitätssicherungssystem mit Systemzertifizierung und-bewertung als Kern. Die organische Kombination von internem und externem Qualitätssicherungssystem trägt zur Verbesserung der Qualität der Hochschulbildung bei. Externe Qualitätssicherung ist das Mittel, und interne Qualitätssicherung ist der

Kern.

4. Die Notwendigkeit der Entwicklung eines internen Qualitätssicherungssystems

Da das deutsche Hochschulzertifizierungssystem ursprünglich eingeführt wurde, traten viele Probleme bei der Umsetzung des Zertifizierungssystems von Grund auf in Deutschland auf. Um diese Probleme zu lösen, veränderte sich der Kern der deutschen Hochschulqualitätssicherung von der externen beruflichen Zertifizierung zur Systemzertifizierung und die Einrichtung und Entwicklung eines internen Qualitätssicherungssystems in Colleges und Universitäten zu der Kernaufgabe der Qualitätsverbesserung in Colleges und Universitäten.

4.1 Eine externe Berufszertifizierung wird von Universitäten abgelehnt

In der Tat hat die Hochschulbewertung seit 2005 Schwierigkeiten. Colleges und Universitäten werden die Hochschulbewertung allmählich ablehnen. Es ist schwierig für Colleges und Universitäten, gleichzeitig die beiden großen Berge externer beruflicher Zertifizierung und Bildungsevaluierung zu tragen. Es gibt keine klare Definition der Rolle der Evaluierungsagentur, und es gibt viele wiederholende, aber nicht miteinander verbundene Verfahren mit der externen beruflichen Zertifizierung. Nur die externe Evaluationsverbindung ist für Hochschulen und Universitäten akzeptabler, da die entsprechenden Ergebnisse und Berichte als Begleitmaterial verwendet werden können, wenn Hochschulen und Universitäten eine Zertifizierung beantragen. Das langwierige Verfahren, die hohen Kosten und die Standarddefinition der externen Berufszertifizierung haben jedoch auch in der akademischen Gemeinschaft zu Streitigkeiten geführt, die von den Universitäten widerlegt werden.

Ähnlich wie die Probleme der Hochschulevaluierung führen viele Probleme im externen Zertifizierungsprozess dazu, dass Hochschulen und Universitäten dem Zertifizierungsprozess widerstehen oder sogar ablehnen.So lehnen einige Hochschulen und Universitäten kurz nach der Einführung des Zertifizierungssystems den Zertifizierungsprozess oder das Zertifizierungssystem ab oder lehnen ihn ab, weil sie die hohen Zertifizierungskosten tragen müssen und komplizierte Verfahren überdrüssig sind. Die Probleme bei der Umsetzung externer beruflicher Zertifizierung konzentrieren sich hauptsächlich auf folgende vier Aspekte.

4.1.1 Streitigkeit über „Mindeststandards" bei der externen beruflichen Zertifizierung

Von Anfang an hat die Anwendung des Konzepts der „Zertifizierung" zur Gewährleistung der Mindeststandards der Qualität der Hochschulbildung in der Wissenschaft eine breite Debatte ausgelöst. Auf der einen Seite glauben die Gegner, dass dies dazu führen wird, dass Hochschulen und Universitäten sich auf die niedrigste Ebene konzentrieren, was zu einem Rückgang des Lehrniveaus führt. Auf der anderen Seite sind die Befürworter der Auffassung, dass der Mindeststandard als Grundlage eines Systems nur eine Basisgarantie ist. In der Tat brauchen Hochschulen und Universitäten nicht die Mindeststandards zu verwenden, um sich zu bremsen. Die Festlegung der Mindestnorm ist, weil die Organisation, die eine Zertifizierung beantragen muss, das entsprechende Qualitätsbewertungssystem, Produkte, Dienstleistungen usw. kennen und vergleichen kann, um die Transparenz des Zertifizierungssystems zu gewährleisten. Daher ist der erste Schritt, um die Transparenz zu gewährleisten, die „Mindestnorm der Passierzertifizierung" festzulegen. Gleichzeitig mit der Festlegung der Mindeststandards hofft der Zertifizierungsausschuss auch, dass Hochschulen und Universitäten Zertifizierungspläne und -programme entwickeln können, die über den Mindeststandards nach ihren eigenen Bedingungen liegen. Die Festlegung der Mindeststandards ist nur ein wichtiger Schritt, um die Transparenz des Zertifizierungssystems zu gewährleisten. Welche Grundlage für die Festlegung der Mindeststandards gibt es jedoch nicht klare Regeln, die die anfänglichen Streitigkeiten nicht lösen können. Niedrige Standards werden schließlich zu einem Rückgang des Lehrniveaus führen.

4.1.2 Der Fortschritt der beruflichen Zertifizierung hinkt hinter der Reform zurück

Vor der Einführung des Zertifizierungssystems in Deutschland wurde eine große Anzahl neuer Forschung, Kurse und Spezialgebiete entwickelt, bereit zum Start oder zur Umsetzung, aber sie wurden nicht durch das Zertifizierungssystem geprüft. Die Zertifizierung ist ein komplexes Projekt für die relevanten Auftraggeber dieser Programme. Die für die Anwendung erforderlichen Dokumente sind komplex und vielfältig. Es ist notwendig, die Möglichkeit der Zertifizierungsrealisierung und viel Zeit zu evaluieren, um die Schritte der beruflichen Zertifizierung zu vollenden. Daher sind viele Leiter der neuen Majors und Kurse nicht bereit, im eigentlichen Bau an der externen professionellen Zertifizierung teilzunehmen.

4.1.3 wachsender Druck auf die Humanressourcen von Zertifizierungs– und Bewertungseinrichtungen

Die Zertifizierungs- und Bewertungsinstitutionen brauchen immer mehr Prüfer, da das Zertifizierungssystem es Zertifizierungsbewerbern ermöglicht, spezifische Prüfer zur Überprüfung ihrer Anträge vorzulegen, aber Zertifizierungs- und Bewertungsinstitutionen können nicht garantieren, dass die Prüfer bereit sind, diese Arbeit zu absolvieren. Zunächst möchten viele bekannte Professoren aus Neugier Mitglied der Expertengruppe der Zertifizierungsagentur sein, aber die Arbeit ist lang und sogar unbezahlt. Daher haben viele Institutionen nach Professoren und Experten in bestimmten Bereichen oder Fachgebieten für Peer Review gesucht. Infolge dieses Trends sind viele Universitäten und Institutionen nicht die Kandidaten, die sie in Betracht ziehen. Zum Beispiel können die Gutachter einer bekannten, umfassenden Universität von der Hochschule für angewandte Wissenschaften und Technologie kommen und nach seinem Unterricht mit der Planung beginnen. Es ist nicht so, dass die Mitglieder der Fachhochschule und Technologie dem Bewerber bei der Planung des Programms nicht helfen können, sondern die Ausbildungsziele der Universität und der Fachhochschule und -technik sind unterschiedlich, so dass auch ihre Forschungsprogramme und Talentausbildungsprogramme ganz anders sind. Es ist fraglich, ob die von den Experten der Fachhochschule und Technologie geleiteten

Forschungsprogramme der Universität besser sind als die Programme der Hochschule selbst.Angesichts des Misstrauens der Bewerter gegenüber den Antragsstellern müssen die Zertifizierungsstellen ständig geeignete Kandidaten suchen und dem zunehmenden Druck auf die Humanressourcen ausgesetzt sein.

4.1.4 „Gruppenzertifizierung " führt zur Verschlechterung der Zertifizierungsqualität

Zertifizierungsprogramme werden als erfolgreiche Geldautomaten bezeichnet, da Hochschulen und Universitäten die hohen Zertifizierungskosten tragen müssen. Um die Zertifizierungskosten zu senken, ist die sogenannte „Gruppenzertifizierung " der beliebteste Weg geworden. Verschiedene Abteilungen sind die Basisorganisationen von Colleges und Universitäten. Jede Organisation kann mehrere Studiengänge haben. Entscheidet sich eine Hochschule oder Wissenschaftsabteilung, ihren Studiengang in eine neue Curriculumstruktur umzuwandeln, die sich an den neuen Bachelor- oder Masterabschluss anpasst, so lange sie für „Gruppenzertifizierung " gilt, kann sie alle Pläne und Programme gleichzeitig zertifizieren lassen und auch eine Fertigstellung zu einem niedrigeren Preis verlangen. Da der Rahmen der „Gruppenzertifizierung " mehrere Zertifizierungssysteme umfasst, wird der Peer Review oder der Außendienst verkürzt. Die Zeit der gesamten „Gruppenzertifizierung " entspricht der einer einzigen Projektzertifizierung, was bedeutet, dass alle Verbindungen des Zertifizierungsprozesses entsprechend verkürzt werden. Mehrere Systeme sind gleichzeitig zertifiziert, was das externe Zertifizierungsverfahren an Tiefe verliert.

Um diese Konflikte und Probleme zu lösen, ist ein neues Modell entstanden, eine Systemzertifizierung auf der Grundlage interner Qualitätssicherung. Deutschland begann eine Reform auf der Grundlage einer externen beruflichen Zertifizierung und schlug eine Systemzertifizierung als alternative Möglichkeit für die Hochschulen vor, unabhängig zu wählen. Die Zertifizierungs- und Evaluationsinstitutionen in jedem Staat begannen ebenfalls neue Entwicklungen zu suchen. So begann sich Evalag, die Zertifizierungs- und Bewertungsinstitution in Badenwüttemberg, zu transformieren. Nach 2007 war es ihre Hauptaufgabe, Hochschulen und Universitäten bei der Einrichtung eines eigenen internen Qualitätssicherungssystems zu unterstützen, um die

Systemzertifizierung zu bestehen.

4.2 Systemzertifizierung und internes Qualitätssicherungssystem sind eng miteinander verbunden

Der grundlegende Zweck des Aufbaus und der Entwicklung des internen Qualitätssicher-ungssystems der Hochschulbildung ist die Förderung des Konnotationsaufbaus und der Qualitätsverbesserung der Hochschulen. Die entscheidende Antriebskraft kommt von der Umwandlung des Zertifizierungssystems selbst, d.h. von der externen professionellen Zertifizierung zur Systemzertifizierung. Der Akkreditierungsausschuss legt formell eine Systemzertifizierung fest, die es Hochschulen ermöglicht, durch die allgemeine Zertifizierung des internen Qualitätssicherungssystcms eine unabhängige professionelle Zertifizierung zu ersetzen.

Durch die Systemzertifizierung wird bewiesen, dass Hochschulen und Universitäten in der Lage sind, über ihr eigenes Qualitätssicherungssystem qualitativ hochwertige Lehre zu erbringen. Die Kernpunkte der Systemzertifizierung sind folgende: Erstens, Qualitätsplanung: Ziel des internen Qualitätssicherungssystems der Hochschulen und Universitäten ist es, eine qualitativ hochwertige berufliche Bildung zu gewährleisten. Zweitens müssen die Qualitätsüberwachung, das interne Qualitätssicherungssystem der Hochschulen und Universitäten in der Lage sein, alle Fachbereiche der Universität abzudecken, insbesondere alle Verfahren der Spezialentwicklung, Durchführung, Überwachung und Verbesserung. Drittens, Qualitätsverbesserung: alle Mitglieder der Hochschulen und Universitäten sollten an der Verbesserung der Qualität teilnehmen und sich verpflichten. Viertens, Qualitätsergebnisse: Das interne Qualitätssicherungssystem der Hochschulen und Universitäten sollte sicherstellen, dass die beruflichen Ziele klar sind, und es werden eine Reihe von Maßnahmen ergriffen, um entsprechende Institutionen und perfekte Organisationen und Institutionen zu schaffen.Um die Systemzertifizierung zu bestehen, müssen Hochschulen und Universitäten sich für die Einrichtung und Entwicklung eines internen Qualitätssicherungssystems einsetzen. Die Systemzertifizierung soll verschiedene Bewertungs- und Zertifizierungsmethoden integrieren und ein umfassendes Managementsystem schaffen.

Als externer Anreiz fördert die Systemzertifizierung die Einrichtung und Entwicklung relevanter Organisationen und Verfahren innerhalb der Organisation zur Unterstützung der Zertifizierung. Die spezifischen Bedingungen und Anforderungen an die Zertifizierung fördern die Einrichtung und Entwicklung eines internen Qualitätssicherungssystems, das sich vor allem in den folgenden beiden Aspekten widerspiegelt: Erstens, Hochschulen und Universitäten müssen Verfahren, Werkzeuge und Betriebsarten festlegen, damit die Studierenden relevante Informationen im Lernen und nach der Graduierung vermitteln können, zum Beispiel die Bewertung von Kursen und der Graduiertenstudie. Der Zertifizierungsprozess des Systems erfordert in der Regel, dass Hochschulen und Universitäten entsprechende Verfahren zur Messung der tatsächlichen Lernmenge der Studierenden, wie z.B. Kurse, Module oder Lernpläne, einführen. Die Lehreinheiten, wie z.B. Kurse oder Module, werden durch Vergleich der Berechnung des Lernvolumens mit dem europäischen Credit Exchange System bestimmt.

Die Systemzertifizierung steht in engem Zusammenhang mit dem internen Qualitätssicherungssystem. Sie ist nicht nur der Motor und Eckpfeiler der Einrichtung des internen Qualitätssicherungssystems, sondern auch das Kernziel der Umsetzung des internen Qualitätssicherungssystems.

4.3 Die Entwicklung eines internen Qualitätssicherungssystems fördert die Umsetzung der deutschen Hochschulentwicklungsstrategie

Die Entwicklungsstrategie der deutschen Hochschulbildung steht in engem Zusammenhang mit der internen Qualitätssicherung, so dass das interne Qualitätssicherungssystem der Hochschulbildung eingerichtet werden muss, das sich vor allem in den folgenden vier Punkten widerspiegelt:

Erstens: die Fähigkeit Standard zu stärken. Entsprechend dem Hochschulrahmen und den Regeln des europäischen Hochschulraums sowie den von der deutschen Forschungsgemeinschaft vorgeschlagenen Rahmenbedingungen und Anforderungen spielt die Spezialisierung auf Basis wirtschaftlicher und beruflicher Fähigkeiten eine immer wichtigere Rolle bei der Diskussion über die Hochschulpolitik. Die Studierenden müssen über multidisziplinäre Fähigkeiten verfügen, einschließlich Bildung, Ausbildung und Qualifikationen in wissenschaftlichen und nichtwissenschaftlichen Bereichen. Mit Hilfe des internen Qualitätssicherungssystems der Hochschulbildung müssen Hochschulen und Universitäten das Lehrpersonal der spezifischen Hochschulbildung stärken, die fachliche Leistungsfähigkeit und die Akzeptanz der Stakeholder messen.

Zweitens: Förderung der Lehrplanentwicklung durch den Bologna-Prozess. Der Bologna-Prozess schafft wichtige Chancen und Bedingungen für die Integration und Entwicklung des europäischen Bildungswesens. Die Universität muss die entsprechende Verantwortung übernehmen, die Ziele der Lehrpläne in eine neue Organisationsform verwandeln, d.h. die Modernisierung des Hochschulunterrichts und zur richtigen Zeit.

Die individuelle und pädagogische Spur der Schüler wird analysiert. Systematisch gesehen ist es nicht überzeugend, dass viele Berufskurse weiterhin die alte und veraltete Struktur nutzen, was zu einer Zunahme übermäßiger und ineffizienter Lernprozesse führen wird. Darüber hinaus sollte die Universität den Studierenden auch mehr Möglichkeiten zur Wahl ihrer eigenen Studiengänge und den Studierenden einen größeren persönlichen Entwicklungsraum bieten. Deshalb braucht die Universität eine tiefere Ebene der Curriculumreform, eine leistungsorientierte Reform des Lernplans , um den Lehrplan als Ganzes durchzuführen. Die interne Qualitätssicherung kann die Reform effektiv fördern und Datenunterstützung und Reformvorschläge liefern, indem sie die Kursbewertungsergebnisse analysiert und die Lernmenge der Studierenden misst.

Drittens: Diversifiziertes Lehrmanagement unter dem Hintergrund eines flexiblen Lernsystems. Die komplizierte Systemstruktur der deutschen Universitäten und die individuellen Unterschiede der Studierenden stellen den Unterricht und das Management der Hochschulen vor besondere Herausforderungen.Die Schlüsselfaktoren des elastischen Chemie-Systems sind Lernort, Lernzeit und Lernmethoden usw. Hochschulen und Universitäten achten immer mehr auf die unterschiedlichen strukturellen Ebenen dieser Parameter im Lehrprozess. In den letzten fünf Jahren haben mehr und mehr Universitäten weltweit, insbesondere in Deutschland, die Bedeutung eines flexiblen Lernsystems berücksichtigt. Der gemischte Lernmodus bietet die Möglichkeit, die Struktur des Lernsystems zu verändern, um über das interne Qualitätssicherungssystem der Universitäten, wie den familiären Hintergrund, die Erfahrungen usw. die sozialen Informationen der Studierenden zu erfassen, um flexiblere und unabhängige Lehrinhalte und Kurse für verschiedene Studierende bereitzustellen und auf die Bedürfnisse der einzelnen Studierenden zugeschnitten zu werden.

Viertens: die Herausforderungen, die durch die Ausweitung der Hochschulbildung entstehen. Seit dem 21. Jh. hat das deutsche Hochschulsystem viele große Herausforderungen gestellt. Um die akademische Integration zu verbessern, hat die Regierung ein politisches Ziel gesetzt, um die akademische Teilnahmequote auf 50% zu erhöhen. Das andere ist die Verkürzung des High-School-Systems. In den ersten zehn Jahren des 21. Jh. haben fast alle Staaten die Zeit der High School von neun Jahren auf acht Jahre verkürzt, was zu einer doppelten Einschreibung von Studienbewerbern führt. So wird „Hochschulbildung 2020 " von den Hochschulkreisen vorgeschlagen. Es handelt sich um einen Vertrag zwischen Universitäten und Bundes- und Staatsregierungen, der darauf abzielt, die Kapazitäten des Hochschulwesens zu verbessern. Aber nach dem „Hochschul-2020-Plan " wenn immer mehr Studenten mit unterschiedlichen Bedingungen in das Hochschulsystem eintreten, sind die Herausforderungen, denen Hochschulen und Universitäten gegenüberstehen, größer Colleges und Universitäten müssen in der Lage sein, sich an die Heterogenität der Studierenden anzupassen und gewisse Möglichkeiten zur Formulierung von Gegenmaßnahmen zu haben, wie zum Beispiel, die Studierenden in der sehr wichtigen Anfangsphase zum grundlegenden Lernen und zur Forschung zu führen. Deshalb sollten Hochschulen und Universitäten über das interne Qualitätssicherungssystem die Relevanz und Koordination des Curriculumsystems studieren, das Curriculumsystem analysieren und entsprechende Maßnahmen und Vorschläge für Studierende anbieten.

5. Qualitätsbewertung im System der inneren Sicherheit

Das Konzept der Bewertung ist gleichbedeutend mit Erfolgskontrolle, Qualitätskontrolle, Sekundärforschung, Effizienzstudie, Evaluationsforschung usw. Die enge Definition der Bewertung ist die Untersuchung und Bewertung des aktuellen Status von Hochschulen und Universitäten oder getroffenen Maßnahmen, während die breite Definition die Bewertung als ein umfassendes System zur Kontrolle und Verwaltung der Qualität betrachten soll. Das in diesem Beitrag verwendete Konzept zielt darauf ab, den Grad der Bildungsaktivitäten zu beurteilen, um den Bedürfnissen der Gesellschaft und des Einzelnen gerecht zu werden, und ein Urteil über den tatsächlichen oder potenziellen Wert der Bildungsaktivitäten zu treffen, um den Wertschöpfungsprozess der Bildung zu erreichen.

In den späten 90er Jahren, vor allem nach 1998, ist der Begriff „Evaluation " zu einem heißen Thema im Bereich der Hochschulbildung in Deutschland geworden. Die deutsche Hochschulbildung steht vor externen Wettbewerbskräften wie der Entwicklung der Hochschulevaluierung in den Vereinigten Staaten und der Unzufriedenheit mit der Hochschulbildung in Deutschland fördert auch die Entwicklung der Hochschulbildung. Nach der Novellierung des deutschen Hochschulgesetzes im Jahr 1998 sieht der sechste Absatz vor, dass „Lehre, wissenschaftliche Forschung und Personalausbildung an Hochschulen und Universitäten regelmäßig evaluiert werden sollten, dass die Studierenden an der Bewertung der Qualität der Lehre in Colleges und Universitäten teilnehmen und die Evaluierungsergebnisse offiziell veröffentlicht werden müssen ", und das Recht der Evaluationseinrichtungen ist klar in der Vereinbarung festgelegt, die auf der Grundlage des Gesetzes über die Errichtung der Deutschen Stiftung für die Zertifizierung der Disziplin unterzeichnet wurde.Sowohl die externe Qualitätssicherung als auch die interne Qualitätssicherung sind untrennbar mit der internen Selbstbewertung und der externen Bewertung verbunden, so dass die Hochschulbeurteilung die Grundlage des gesamten Qualitätssicherungssystems der Hochschulbildung bildet.

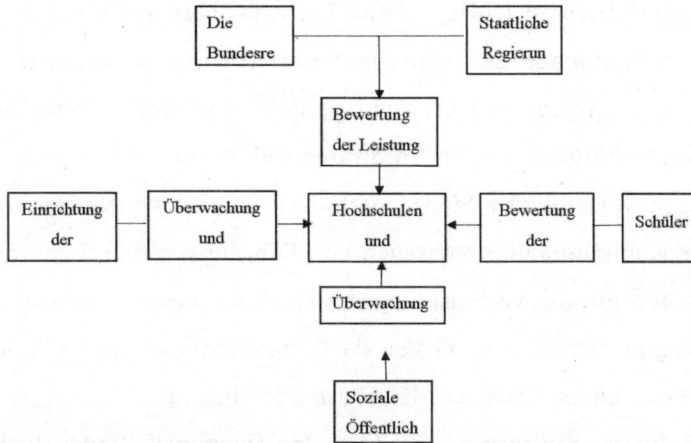

Abbildung 3   Bewertungssystem der Hochschulbildung in Deutschland

5.1 Ziele und Inhalt der Qualitätsbewertung

Der Vorteil der Hochschulbewertung besteht darin, dass sie nicht nur die staatliche
Aufsicht umfasst, sondern auch die Selbstverwaltung und Selbststärkung von
Hochschulen und Universitäten gewährleistet und die Integration beider Hochschulen
fördert. Ziel der Qualitätsbewertung von Hochschulen und Universitäten ist
es, die Verantwortung von Hochschulen und Universitäten zu stärken, die
Informationstransparenz zu verbessern, die Wettbewerbsvorteile und Nachteile
von Hochschulen und Universitäten zu erforschen, Hochschulen und Universitäten
bei der Schaffung eines Qualitätssicherungssystems zu unterstützen und einen
strategischen Entwicklungsplan zu erarbeiten. Ziel der Evaluierung ist es, die
Autonomie und Managementfähigkeit der Universität zu verbessern, die Genauigkeit
des auf Leistungsindikatoren basierenden Zuteilungsmodells zu verbessern und die
laufende Situation der Hochschulbildung der Öffentlichkeit zugänglich zu machen.
Deutschland hat auch die entsprechenden spezifischen Evaluierungsziele formuliert,
die vor allem Folgendes beinhalten: das Niveau und die Qualität der einzelnen
Hochschulen wirklich widerspiegeln, um den nationalen Staat und die entsprechenden
Managementabteilungen die korrekte Investitionsentscheidung zu erleichtern und die
Zuweisung von Bildungsressourcen zu optimieren. Evaluierung und Analyse der Lehr-
, Wissenschafts- und Fachinstitute in Colleges und Universitäten, um den Management-

und Abteilungsleitern von Colleges und Universitäten Informationsquellen zu geben, um Entscheidungen zu treffen und Entwicklungspläne zu treffen. Damit Hochschulen und Universitäten die richtige Position finden, ihren Vorteilen und ihrer Wettbewerbsfähigkeit vollen Spielraum geben, um ihre eigenen Merkmale und einzigartigen Vorteile zu bilden. Durch die Evaluierung der Hochschulbildung stärken Sie die Kommunikation zwischen den Führungskräften, Lehrern, Forschern und Studenten, fördern die Verbesserung der Hochschulautonomie und des internen Selbstbedienungsmechanismus, stärken das Verständnis der Öffentlichkeit für die Universität und stärken das Vertrauen der Eltern und Studenten.

Im internen Qualitätssicherungssystem gibt es drei Hauptziele der Qualitätsbewertung. Erstens soll die Evaluierung die Qualität der Hochschulbildung fördern, die Einführung eines Qualitätskonzepts für die Hochschulbildung fördern und die Qualität der Hochschulbildung bestimmen, einschließlich der wichtigen Faktoren des wissenschaftlichen Hochschulsystems und der Fähigkeit der Universität zur Selbstverwaltung, was letztlich die Autonomie und Managementfähigkeit der Universität verbessern wird. Zweitens kann die Evaluierung angesichts des Mangels an öffentlichen Bildungsfonds in Deutschland die Qualität der Lehre von Hochschulen und Universitäten widerspiegeln. Colleges und Universitäten müssen ihr eigenes Laufniveau verbessern, um hervorragende externe Evaluierungsergebnisse und guten Ruf zu erhalten, um Studenten, Drittinvestitionen, wissenschaftliche Forschungstalente anzuziehen und den harten Wettbewerb der staatlichen Finanzierung zu gewinnen. Drittens kann die Evaluierung angesichts öffentlicher Zweifel an der Qualität der Hochschulbildung in Deutschland den Hochschulen und Universitäten helfen, das Niveau der laufenden Schulen und der Qualität der Lehre dem Staat und der Öffentlichkeit zurückzugeben und der Regierung und der Öffentlichkeit bei der Beaufsichtigung von Hochschulen und Universitäten zu helfen.

Im internen Qualitätssicherungssystem spiegelt sich die Bewertung vor allem in der Organisationsevaluierung wider. Zu den Evaluationsfeldern gehören die Evaluation der Lehre, die wissenschaftliche Forschung und die Evaluation des Themas, wobei der Schwerpunkt auf der Evaluation des Unterrichts und der fachlichen Evaluierung liegt. Der spezifische Evaluationsinhalt umfasst auch die kurz- und langfristigen Ziele der Talent-Ausbildung, die spezifische Struktur des Talent-Training-Plans, das Curriculumsystem und die spezifische Umsetzung von Lehre und Forschung. Bei der Bewertung der Hochschulleistung, der Qualität der Hochschulabsolventen, der von der Universität erhaltenen Mittel und der Bewertung des wissenschaftlichen Niveaus der Universität durch Experten.

5.2 Bewertungsverfahren: interne Bewertung und externe Bewertung

Im internen Qualitätssicherungssystem umfasst ein umfassender und systematischer institutioneller Evaluierungsprozess im Allgemeinen vier Stufen: interne Evaluierung, externe Evaluierung, Umsetzung der Evaluierungsergebnisse und Bühnenbewertung. Kern ist die interne Evaluierung und externe Evaluierung.Die Umsetzung der Evaluierungsergebnisse und die regelmäßige Evaluierung spiegeln sich im geschlossenen System des gesamten internen Qualitätssicherungssystems wider. Für diese beiden Verbindungen hat das interne Qualitätssicherungssystem der verschiedenen Hochschulen unterschiedliche Betriebsarten.

5.2.1 interne Bewertung

Der Hauptzweck der internen Evaluierung ist die Selbstuntersuchung und die Diagnose, die nicht mit der externen Bewertung zu tun hat, aber sie kann verlässliche Basisdaten, Daten und Grundbedingungen für die externe Bewertung durch Selbstuntersuchung, Diagnose und Datenerfassung der internen Evaluation liefern. Die interne Evaluierung ist nach Auffassung des deutschen Bildungsinhabers im Wesentlichen eine Bewertung der Eigenverantwortung der sozialen Personen oder der sozialen Gruppen für ihre eigenen Verhaltensweisen und Leistungen. Die effektive Selbstevaluierung, in der eine unvermeidliche Wahl zur Verbesserung der Selbstverwaltung der Universität besteht, hilft der Universität weiter, den internen Selbstbedienungsmechanismus zu verbessern. Der Schwerpunkt und der Inhalt der internen Evaluierung konzentrieren sich auf acht Aspekte: die Organisation und Struktur der einzelnen Abteilungen, die Unterrichtsziele, die Unterrichtspläne, das akademische Personal und die Mittel, die Studenten und die Kursteilnehmer, die Lehre, die Ansichten und Anregungen der Lehrkräfte, die Wettbewerbsfähigkeit der Schule auf dem Arbeitsmarkt und die Beschäftigungsquote der Absolventen.

Die interne Evaluierung umfasst zwei Phasen: die Vorbereitungsphase und die Evaluierungsphase. Erstens ist die Vorbereitungsphase hauptsächlich für die verantwortliche Einheit des internen Qualitätssicherungssystems der Hochschulen und Universitäten zuständig, um den evaluierten Abteilungen einschlägige Bewertungsmethoden und Leitlinien einzuführen, bei der Formulierung von Fragebögen und Indikatoren zu helfen und die effektive und geordnete interne Bewertung durch umfassende frühzeitige Beratung und umfassende Unterstützung sicherzustellen. Zweitens besteht die Haupttätigkeit der Evaluierungsphase darin, Daten zu sammeln, die von einem speziellen Selbstevaluierungsteam umgesetzt werden. Die Mitglieder des Selbstevaluierungsteams kommen aus der evaluierten Abteilung und Experten in der Schule. Zu den wichtigsten Inhalten der Bewertung gehören die Erstellung eines Selbstbewertungsplans gemäß den Leitlinien der externen Evaluierungsinstitutionen, die Prüfung der Gültigkeit des Fragebogens und der Indikatoren und deren Änderung entsprechend der tatsächlichen Situation, die Erstellung eines Interviewplans, die Erstellung eines Selbstbewertungsberichts nach den gesammelten Altinformationen, die Vorlage des Selbstbewertungsberichtsberichts an den Präsidenten, den Präsidenten und die Bewertungseinrichtungen.

5.2.2 externe Bewertung

Die Urheber der externen Evaluierung sind vor allem externe Evaluierungsinstitutionen zwischen Universitäten und der Regierung, die in fünf Kategorien unterteilt sind: halbamtliche oder nichtstaatliche Institutionen auf Bundesebene. Regionale Evaluierungsinstitutionen, die von der Regierung genehmigt werden. Evaluierungsgruppen, die von Fachausschüssen verschiedener Disziplinen gebildet werden. Nichtstaatliche Evaluierungsorganisationen, Papiermedien mit internationalem Einfluss. Zu den spezifischen Bewertungsschritten gehören die Vorbereitung, die Peer-Review, der Austausch und die Diskussion sowie die Berichterstattung.

Aus der Perspektive der gestalterischen Bewertung und summativen Evaluierung können wir die externe Evaluierung und die interne Evaluierung sehen. Was die externe Evaluierung betrifft, so soll die Optimierung der wissenschaftlichen Forschung und Lehre durch die Lehrauswertung und die Förderung des Hochschulmanagements letztlich die Leistungen der Lehreinheiten und Forschungseinrichtungen kontrollieren und die Wirksamkeit relevanter Maßnahmen auf Hochschulpolitischer Ebene testen, um das Ranking der Hochschulen zu verbessern oder den Ruf der Hochschulen durch Zertifizierung zu verbessern. Das Hauptthema der internen Evaluation ist die Selbstevaluierung von Disziplinen, die Selbstverwaltung von Hochschulen und Universitäten durch organisatorische Entwicklung und die Selbstevaluierung wissenschaftlicher Forschung und Lehrleistungen. Ziel ist es auch, den Zertifizierungsstandard zu überschreiten, um den Aufbau von Qualitätssicherungssystemen in Colleges und Universitäten zuverbessern.

Tabelle 1 Vergleich der internen und externenBewertung

Vergleichsfaktoren	Externe Bewertung	Interne Bewertung
Ziel der formalen Bewertung	Optimierung der wissenschaftlichen Forschung und Lehre Förderung des Hochschulmanagements	Selbsteinschätzung desGegenstands Beteiligung der Agentur an der Entwicklung wissenschaftlicher Forschung und Lehre
Anwendungsbereich der gestalterischen Bewertung	Bewertung der Lehre	Entwicklung der Organisation
Zusammenfassende Evaluierungsziele	Kontrolle der Durchführung von Lehreinheiten und Forschungseinrichtungen Ein Test der Wirkung von Hochschulpolitiken und -maßnahmen	Eigenes Management Bewertung der wissenschaftlichen Forschung und Lehre
Anwendungsbereiche der summativen Bewertung	Ranking Authentifizierung	Authentifizierung

6. Zertifizierung im internen Sicherheitssystem

Das von Deutschland eingeführte Zertifizierungssystem reflektiert die traditionelle deutsche Hochschulbildung und versucht, das Paradigma der Voraussetzung für die Zulassung des deutschen Hochschulsystems von „Zulassungssystem " auf „Zertifizierungssystem " zu verändern. Im Jahr 1998 haben die gemeinsame Konferenz der Kultur- und Bildungsminister der deutschen Staaten und die Konferenz der Hochschulpräsidenten gemeinsam ein staatliches Zertifizierungskomitee eingerichtet, um das Qualifikationsniveau der Zertifizierungsstellen zu gewährleisten, und zugelassene Zertifizierungsstellen zur Bewertung und Zertifizierung neuer Berufskurse. Das Recht, das Zertifizierungssystem zu formulieren, gehört daher dem Gaszertifizierungskomitee der gemeinsamen Konferenz der Kultur- und Bildungsminister deutscher Staaten, die unter der Führung der Bundesregierung gegründet wurde und die hauptsächlich für die Festlegung von Zielen zuständig ist. Verantwortlich für die Zertifizierung und Überwachung von Zertifizierungsstellen und Studiengängen zu sein und zu koordinieren, wie diese Agenturen die Qualität und den Inhalt der Studiengänge bewerten. Gleichzeitig hat der Zertifizierungsausschuss einschlägige Entschließungen und ergänzende Leitlinien formuliert, um die Zuverlässigkeit, Vergleichbarkeit und Transparenz des Zertifizierungsprozesses zu gewährleisten.

6.1 Überblick über das deutsche Hochschulzertifizierungssystem

Die staatliche Aufsicht sollte nicht zu sehr auf isolierte Krisenbewältigungsereignisse achten, sondern mehr auf die Verantwortung der Systemkontrolle und die Verantwortung der Ergebnisse. Die schrittweise Konzession der Autonomie zwingt Hochschulen und Universitäten, die Qualität zu verbessern, und die Einrichtung eines Zertifizierungssystems kann die Abweichung von Hochschulen und Universitäten beim Verständnis des Qualitätsbegriffs vermeiden und das Verantwortungssystem, die Hochschulverantwortung und die Staatsverantwortung neu definieren. Die deutsche Regierung widmet sich nun besonders der Sicherstellung der Verfügbarkeit von Basisressourcen, der Integration von Berufskursen in den Prozess der Hochschulplanung jedes Staates und der Durchführbarkeit der Aufrechterhaltung der Ziele und Standards der Bildungsstruktur.

Nach fast 20-jähriger Entwicklung ist das deutsche Hochschulzertifizierungssystem relativ vollständig und hat zunächst drei Hauptinstitutionen, zwei Zertifizierungsformen und zwei Zertifizierungsverfahren gebildet. Die unabhängige Zertifizierungsstelle im deutschen Hochschulzertifizierungssystem ist der Eckpfeiler für Objektivität, Unparteilichkeit und hohe Qualität des Zertifizierungssystems. Die drei wichtigsten Institutionen sind unter anderem der Zertifizierungsausschuss, die Zertifizierungsstelle und die Universität. Die beiden Formen der Zertifizierung beziehen sich auf die beiden Formen der direkten Zertifizierung der Universität durch die Zertifizierungsstelle, nämlich die professionelle Zertifizierung und die Systemzertifizierung. Die beiden Arten der Zertifizierung beziehen sich auf die Zertifizierungsstelle des Zertifizierungsausschusses und die Zertifizierungsstelle bescheinigt die Universität direkt.

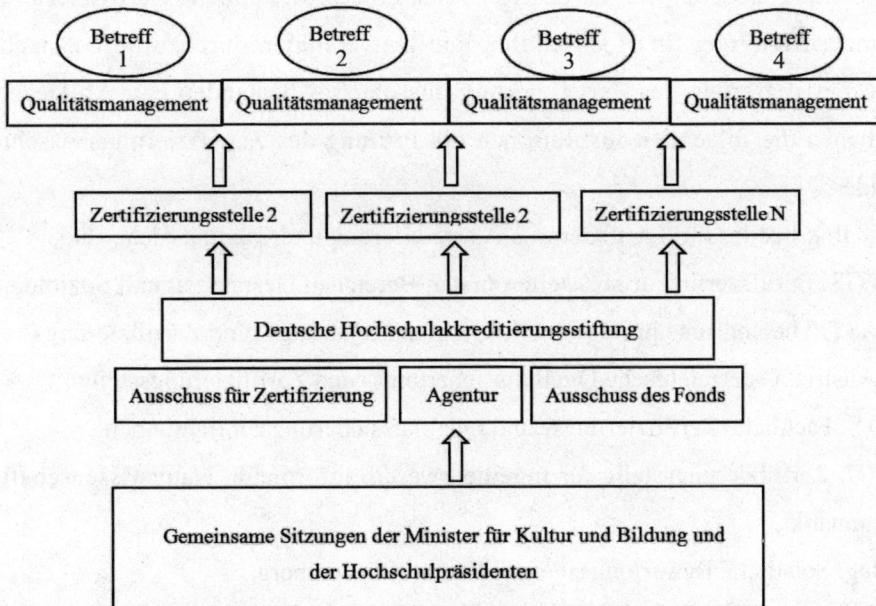

Abbildung 3   Deutsches Hochschulsystem

Der Akkreditierungsausschuss besteht aus 17 Mitgliedern. Vier Vertreter sind Universitätsprofessoren, vier Vertreter sind vom Bundesministerium für Bildung und Forschung Deutschlands, vier Vertreter sind Experten aus verschiedenen Bereichen (Gewerkschaft, Unternehmen, öffentlicher Sektor), zwei Studentenvertreter, zwei internationale Experten und ein Vertreter der einschlägigen Institutionen. Die Hauptaufgabe des Zertifizierungsausschusses besteht darin, die Zertifizierungsstelle zu prüfen, zu bewerten und zu zertifizieren, die spezifische Arbeit der Zertifizierungsstelle lange Zeit zu verfolgen und zu überwachen, regelmäßig zu zertifizieren, Standards und Betriebsverfahren des Zertifizierungsverfahrens usw. festzulegen. Der Basisrahmen des Gaszertifizierungsausschusses umfasst die Festlegung grundlegender Standards für Zertifizierungsstellen, Standards für Zertifizierungsstudiengänge, Referenznormen für Lehrpläne, das Verhältnis zwischen Evaluierung und Zertifizierung, die Teilnahme der Studierenden an der Zertifizierung, die Überwachung von Zertifizierungsstellen und professionelle Zugangsverfahren für öffentliche Dienstleistungen.

Die Zertifizierungsstelle ist die Organisation, die die Evaluierung und Zertifizierung umsetzt. Sie hat das Recht, externe professionelle Zertifizierung und Systemzertifizierung für Hochschulen und Universitäten durchzuführen, nachdem sie die Zertifizierung des Zertifizierungsausschusses bestanden hat. Ab Dezember 2016 haben die folgenden Institutionen die Prüfung des Zertifizierungsausschusses bestanden:

● ACQUIN: Institut für Zertifizierung, Akkreditierung und Qualitätssicherung.

● AHPGS: Berufszertifizierungsstellen in den Bereichen Gesundheit und Soziologie.

● AKAST: Theologische professionelle Qualitätssicherungs- und Zertifizierungsstelle.

● AQ Austria: Österreichische Qualitätssicherungs- und Zertifizierungsstelle.

● AQAS: Fachliche Zertifizierungs- und Qualitätssicherungseinrichtungen.

● ASIIN: Zertifizierungsstelle für Ingenieurwesen, Informatik, Naturwissenschaft und Mathematik.

● Evalag: Staatliche Bewertungsagentur Baden Württemberg.

● FIBAA: International Foundation für Business Management Zertifizierung.

●OAQ: Schweizer Akkreditierungs- und Qualitätssicherungsinstitut.

●ZevA: Zentrales Bewertungs- und Zertifizierungsgremium Hannover.

Die ursprüngliche Absicht der Einrichtung des Zertifizierungssystems besteht darin, die Entwicklung der Hochschulbildung zu fördern, das Qualitätsniveau der Hochschulbildung zu verbessern, die Einhaltung der einschlägigen Qualitätsstandards zu gewährleisten, den Studentenstrom zwischen Hochschulen im europäischen Hochschulbereich zu gewährleisten und zu fördern, bewusst vielfältige Lernmöglichkeiten zu bieten und offene verschiedene Arten von Abschlüssen und Kursen zu etablieren. Das deutsche Hochschulzertifizierungssystem zertifiziert Hochschulen und Universitäten durch professionelle Zertifizierung und Systemzertifizierung.

6.2 Berufliche Zertifizierung

Hochschulen und Universitäten können ihre Bachelor-oder Masterstudiengänge durch externe professionelle Zertifizierung und unabhängige Zertifizierung bewerten. Die Gültigkeit der externen beruflichen Zertifizierung beträgt in der Regel fünf bis sieben Jahre. Professionelle Zertifizierung zielt darauf ab, die Qualität, Transparenz, Vergleichbarkeit und Vielfalt der Hochschulfächer zu gewährleisten. Beide sollen die praktische und qualitative Qualität der Inhalte der Fachkurse, die Verbreitung der Leistungen der Studierenden, die Grenzen der Organisation und des Prozesses der akademischen Forschung sowie die Rationalität der bestehenden Wissenssystemstruktur sorgfältig bewerten, um das persönliche Potenzial der Studierenden zu stimulieren und den Studenten genügend Entwicklungsraum zu garantieren. Zweitens: Bestätigen Sie die Möglichkeit von entsprechenden Kompetenzen, die durch Berufsausbildungen entwickelt werden können, und bereiten Sie sich vollständig auf die Berufsausbildung vor. Schließlich muss sichergestellt werden, dass die Bachelor- und Masterstudiengänge international anerkannt und international vergleichbar sind.

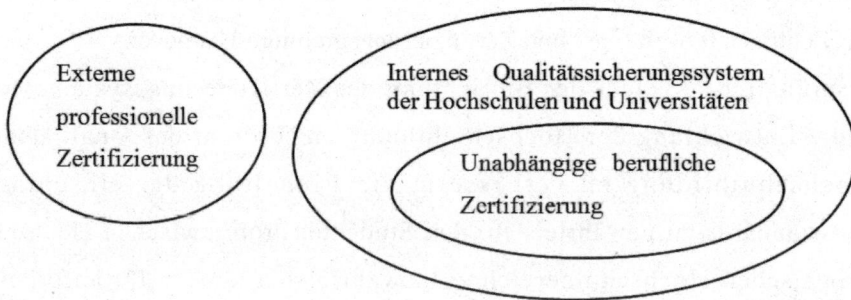

Abbildung 4   Verhältnis zwischen externer beruflicher Zertifizierung und
unabhängiger Zertifizierung

Die interne unabhängige professionelle Zertifizierung wird in der Betriebsart des internen Qualitätssicherungssystems verkörpert, das auf verschiedenen Betriebsarten verschiedener Universitäten basiert. Derzeit wurde das externe professionelle Zertifizierungssystem kontinuierlich überarbeitet und verbessert. Die wichtigsten Prozesse sind: ① Colleges und Universitäten wählen ihre eigenen Zertifizierungsstellen und beantragen sie. ② Die Zertifizierungsstelle richtet ein Bewertungsteam ein. ③ Das Bewertungsteam bewertet die einschlägigen Disziplinen des Antragstellers, einschließlich der Analyse der vom Antragsteller vorgelegten Antragsberichte und Unterlagen sowie Feldbesichtigungen. ④ Schreiben Sie einen ausführlichen Evaluierungsbericht nach professionellen Zertifizierungsstandards und entscheiden Sie, ob Sie den Antrag annehmen. ⑤ Der Entscheidungsausschuss kann entscheiden, ob der Antrag angenommen oder mit Einschränkungen oder sogar der Antrag gemäß dem Bericht und den Empfehlungen der Bewertungsgruppe und den Anweisungen der Universität abgelehnt wird. ⑥ Die Zertifizierungsstelle veröffentlicht die endgültige Entscheidung, den Bewertungsbericht und die Liste der Teammitglieder und hält die Datensicherung in der Datenbank. Aufgrund vieler Probleme im externen Zertifizierungssystem wird es jedoch von Hochschulen und Universitäten abgelehnt. Colleges und Universitäten ziehen es vor, ein internes Qualitätssicherungssystem einzurichten, um durch Systemzertifizierung eine unabhängige professionelle Zertifizierung zu erhalten.

6.3 Systemzertifizierung

Die Systemzertifizierung ist in der Tat die treibende Kraft des internen Qualitätssicherungssystems in Colleges und Universitäten. Ziel der Zertifizierung ist nicht ein College oder ein Hauptfach in Colleges und Universitäten, sondern das interne Qualitätssicherungssystem in Colleges und Universitäten. Colleges und Universitäten, die die Zertifizierung bestanden haben, sind berechtigt, die internen beruflichen Einstellungen, Lehr- und Lernpläne unabhängig zu zertifizieren. Die Aktualität ist in der Regel sechs bis acht Jahre. Die Systemzertifizierung stammt aus dem internen Qualitätsmanagementsystem der Universität Mainz, die 2003 ein eigenes Qualitätssicherungs- und Entwicklungszentrum eingerichtet hat. Das Zentrum arbeitet mit dem Deutschen Institut für Zertifizierung, Zertifizierung und Qualitätssicherung zusammen, um den Rahmen und die Methoden der Systemzertifizierung zu erforschen. Am 8. Oktober, 2007 fand die 50ste Sitzung des Zertifizierungsausschusses in Berlin statt. Auf der Sitzung wurden die Normen und Vorschriften der Systemzertifizierung verkündet, die die notwendige Grundlage für die Errichtung und Entwicklung der Systemzertifizierung bildeten. Anschließend wurde durch die Resolution der gemeinsamen Sitzung der Minister für Kultur und Bildung jedes Staates die Systemzertifizierung als ergänzende Alternative zur beruflichen Zertifizierung genehmigt. Akkreditierung von Hochschulen und Universitäten. Die zuständige Zertifizierungsstelle, die die Zertifizierung des Zertifizierungsausschusses erhalten hat, kann die Qualifizierung der Systemzertifizierung für Hochschulen und Universitäten beantragen, z.B. Zeva hat am 11. November, 2007, die auf der 57sten Sitzung des Zertifizierungsausschusses am 31. Oktober, 2008 genehmigt wurde. Auch die Verfahren und Standards der Systemzertifizierung verbessern und entwickeln sich ständig. Es gibt einige Unsicherheiten in der Systemzertifizierung vor 2011, bis zur ersten Systemzertifizierung in Deutschland im Jahr 2011. Durch die Teilnahme an der Zertifizierung hat der Zertifizierungsausschuss die Verfahren und Standards der Systemzertifizierung in dieser Praxis weiter verbessert, z. B. indem er allen Arten von Schulen die Zertifizierung ermöglicht, die Anzahl der Zufallsstichproben verringert und die „zusätzliche Qualifikation " erhöht, um die Zertifizierung zu bestehen.

Die Systemzertifizierung ist ein mehrstufiger Prozess, der auf Peer Review basiert. Zu den beteiligten Qualitätsstandards gehören die europäischen Standards und Leitlinien für die Qualitätssicherung in der Hochschulbildung, die gemeinsame Konferenz der deutschen Kultur- und Bildungsminister und die entsprechenden Standards des Zertifizierungsausschusses. Die allgemeinen Standards der Systemzertifizierung lassen sich wie folgt zusammenfassen: ① ihr eigenes Bildungsprofil und ihren Lehrplan definieren und veröffentlichen. ② Einführung eines internen Qualitätssicherungssystems in der Lehre. ③ Einrichtung des Datenerfassungs- und Berichtssystems. ④ Die Verantwortung der Lehrer und Schüler sollte klar definiert werden. ⑤ Ein System zur Veröffentlichung von Dokumenten und Informationen an die öffentlichen und zuständigen Bildungsbehörden. ⑥ Angemessene Verfahren gewährleisten die Qualität der mit anderen Hochschulen zusammenarbeitenden Lehrprogramme.

Der grundlegende Prozess der Systemzertifizierung ist wie folgt: ① Hochschulen und Universitäten müssen sich aktiv an Zertifizierungsstellen bewerben, die allgemeine Situation, das interne Managementsystem und das interne Qualitätssicherungssystem einführen. Zertifizierungsstellen werden zunächst eine vorläufige Bewertung durchführen, um zu beurteilen, ob Hochschulen und Universitäten die Voraussetzungen erfüllen. ② Wenn Hochschulen und Universitäten die Voraussetzungen erfüllen, müssen sie ferner detailliertere Bewerbungsberichte vorlegen, einschließlich der internen Verwaltungsstruktur der Hochschulen und Universitäten, der Entwicklungsplanung, der Schullaufmerkmale, der Spezialöffnung, der Qualitätsziele und des spezifischen Funktionierens des internen Qualitätssicherungssystems. ③ Die Agentur führt eine vorläufige Bewertung und Vor-Ort-Inspektion durch, um zu prüfen, ob die Zugangsbedingungen und die Echtheit der Materialien erfüllt sind, und benennt dann eine Sachverständigengruppe zur Durchführung der Bewertung. ④ Die Zertifizierungsstelle richtet eine Expertenbewertungsgruppe ein, die die Vor-Ort-Untersuchung des Antragsstellers durchführen wird. Die Sachverständigengruppe verfügt über mindestens drei Mitglieder mit Erfahrung in der Hochschulbildung und der internen Qualitätssicherung. Die Mitglieder der Expertengruppe müssen Positionen in der Leitung von Hochschulen und Universitäten innehaben und über einschlägige

Erfahrungen in der Lehrplanentwicklung und der Qualitätssicherung verfügen. Darüber hinaus sind ein Student mit Erfahrung im Bereich der Hochschulautonomie und der Hochschulzertifizierung und ein ausländischer Experte erforderlich. ⑤ Gemäß dem Bericht der Sachverständigengruppe und den einschlägigen Normen und Vorschriften des Zertifizierungsausschusses wird der zuständige Entscheidungsausschuss über die Anwendung der Universität entscheiden.

6.4 Ähnlichkeiten und Unterschiede zwischen System— zertifizierung und externer beruflicher Zertifizierung

In der Tat gibt es viele Ähnlichkeiten zwischen Systemzertifizierung und externer beruflicher Zertifizierung, aber es gibt auch Unterschiede. Der gleiche Punkt ist, dass beide Aktualität haben. Nach der Felduntersuchung und Bewertung wird die Expertengruppe die Zertifizierung der Universität zusammenfassen und einen Vorschlagsbericht schreiben. Gemäß dem Bericht der Sachverständigengruppe und den Standards des Zertifizierungsausschusses wird der zuständige Entscheidungsausschuss über die Anwendung der Universität entscheiden und das Recht hat, den Zertifizierungsantrag auszusetzen oder abzulehnen. Nach Abschluss der oben genannten Verfahren veröffentlicht die Zertifizierungsstelle die Entscheidung, wenn der Zertifizierungsantrag angenommen wird, wird auch der Bericht der Expertengruppe und der Mitglieder der Expertengruppe veröffentlicht, wird die Zertifizierung nicht bestanden, wird der Zertifizierungsausschuss informiert und nicht veröffentlicht. Der Unterschied besteht darin, dass die Systemzertifizierung Zufallsstichproben und charakteristische Stichproben ergänzt, um die Genauigkeit und Fairness des gesamten Zertifizierungsprozesses zu gewährleisten. Der gesamte Prozess der Systemzertifizierung umfasst mehr als zwei Feldbesichtigungen, die Bewertung des Lernplans, die Umsetzung und einige sachliche Muster des Qualitätssicherungsprogramms sowie die Analyse von Hochschulunterlagen. Ziel der Stichprobenbewertung ist es zu prüfen, ob die zu ergreifenden Maßnahmen Teil des Lernens im Qualitätssicherungssystem der Hochschulbildung sind, um die Qualität des

Unterrichts zu gewährleisten.

Der erste Feldbesuch dient hauptsächlich der Erfassung der Basisinformationen des Antragstellers und dem Verständnis seines Qualitätssicherungssystems. Die Sachverständigengruppe wird die Integrität und Authentizität der vom Antragsteller vorgelegten Informationen überprüfen und entscheiden, ob der Antragsteller während des zweiten Feldbesuchs weitere relevante Materialien vorlegen muss. Danach wird die Exkursion genügend Zeit haben, um kritische Analysen zu den eingereichten Materialien und Proben durchzuführen. In diesem Zeitraum wird die Expertengruppe vor Ort Interviews mit der für die Universität verantwortlichen Person, dem Verwaltungspersonal, dem für die Qualitätssicherung verantwortlichen Personal, Dozenten und Studenten durchführen.

Kapitel drei Das rechtliche Merkmal des Erwerbs der Hochschulausbildung in Deutschland

1. Die rechtliche Quelle des Einschreibverhaltens deutscher Hochschulen

1.1 Grundlegende Konnotation des deutschen Bildungssystems

Mit der Entwicklung des sozialen Rechtssystems in Deutschland haben viele Reformen in der Geschichte zur Bildung eines organischen und interaktiven Rechtssystems zwischen dem Bund und dem Staat mit dem Hauptmerkmal des Gesetzes geführt. Im Jahr 1949 verabschiedete das Bundesparlament das Grundgesetz Deutschlands. Die Verabschiedung dieses Gesetzes ist ein Meilenstein. Es ist die konstitutionelle Grundlage für den Aufbau des deutschen Rechtssystems und Rechtssystems. In Deutschland ist das föderale System von drei Befugnissen geteilt. Auf der Aufbauebene gibt es ein enges Netz von Kontrollen und Gleichgewichten zwischen der Exekutivgewalt, der Legislative und der Justizgewalt. Ein wesentlicher Grundsatz ist, dass ein ordnungsgemäßes Gerichtsverfahren die Rechts- und Verwaltungsvorschriften regeln kann. Das Grundgesetz legt die Leitprinzipien für die Umsetzung der legislativen Macht fest, während die Exekutive und die Justizbefugnis durch Gesetze und Verordnungen eingeschränkt werden, die der Rolle des Rechtssystems und der Gerechtigkeit in ihrem jeweiligen begrenzten Raum voll gerecht werden. Die gesetzgeberische Macht, die Exekutive und die gerichtliche Macht eines Landes werden von der Föderation und den Staaten ausgeübt. Ein solches System-Modell macht ein ausgewogenes und dynamisches Gleichgewicht zwischen ihnen.

Das Hauptteil der deutschen Bundesgesetzgebung ist der Bundestag. Der Bundestag gehört zum House of Commons im parlamentarischen System, das zusammen mit dem Senat des Oberhauses die Bundesgesetzgebung realisiert. Das Bundesparlament, das Bundeskabinett, der Bundespräsident und das Bundesverfassungsgericht spielen als wichtige Verfassungsorgane eine wichtige Rolle in der Rechtspraxis. Anders als der Bundestag verfügt der Bundestag nicht über eine vollständige Gesetzgebungsbefugnis. Er erfüllt vor allem eine Reihe von Aufgaben, wie den Gesetzesvorschlag, die Ausübung des gesetzgeberischen Vetos usw., während der Bundestag gesetzgeberische Macht ausübt, indem er Gesetze vorschlägt, verabschiedet und überwacht. Die Realisierung der legislativen Macht erfordert die Annahme von strengen Gesetzesvorlagen Verfahren, die wichtigsten Vorschlagsverfahren sind: die Bundesregierung, das Bundesparlament oder der Bundessenat legte Gesetzesvorlagen, nach der Beratung des Bundessenats, hören Sie auf die Beratungsmeinungen der ständigen Ausschüsse der Staatsgesetzgebung, und reichen sie dem Bundesparlament zur Bildung einer Resolution. Schließlich wird das Gesetz vom Bundespräsidenten unterzeichnet, und hat rechtliche Vorteile.

Die Merkmale des deutschen Föderalismus spiegeln sich in dem Wettbewerb und der Zusammenarbeit der Legislative zwischen der Föderation und den Staaten wider. Das Grundgesetz definiert auch den Gesetzesumfang der Föderation und der Staaten detailliert von der Höhe der Verfassung aus. Die legislative Macht der Föderation und der Staaten präsentiert die Situation der organischen Interaktion. Der Bund und die Staaten haben den ausschließlichen legislativen Anwendungsbereich und den gemeinsamen legislativen Anwendungsbereich. Im Rahmen der ausschließlichen Bundesgesetzgebung darf der Staatsrat keine Gesetze ohne Bundesgenehmigung erlassen und umsetzen. Die Staaten haben auch das Recht, im Wettbewerb Gesetze zu erlassen, die im Rahmen des Bundesrechts ausgeübt werden können. Das Recht auf Bundesgesetzgebung ist nicht angeboren, sondern beruht auf der ausdrücklichen Genehmigung des Grundgesetzes. Im Gegensatz dazu ist die gesetzgeberische Macht jedes Staates mit mehr Vitalität ausgestattet. Der Inhalt der gesetzgeberischen Macht des Bundes, einschließlich der ausschließlichen gesetzgeberischen Macht des Bundes und der gemeinsamen gesetzgeberischen Macht des Bundes, alle kommen aus den besonderen rechtlichen Einschränkungen, sonst gehören die Rechte jedem Staat. In der geordneten Konkurrenz der Legislative zwischen der Föderation und den Staaten, solange die Föderation nicht die Regulierungsbefugnis ausübt, haben die Staaten das Recht, die Gesetzgebung zu regeln. Die Entstehung dieses Rechtssystems wird jedoch von der schrittweisen Förderung der Reform des föderalen Systems begleitet. Im gesamten Prozess ist die Reform der legislativen Macht im Bereich der Hochschulbildung besonders offensichtlich. Die gesetzgebende Behörde im Bereich der Hochschulausbildung in Deutschland hat das Spiel und den Wettbewerb zwischen Bund und Staat erlebt. Mit der allmählichen Aufhebung der Gesetzgebungsbefugnis des Bundes Hochschulrahmens hat der Bundesgesetzgeber die Gesamtfähigkeit der Hochschulbildung verloren und die Legislative wurde auch übertragen.

Das traditionelle Bildungssystem in Deutschland ist eine Art kulturelles föderalistisches System, d.h. das Bundesgesetz gibt nur den Rahmen des Hochschulrechts bekannt, und die Staaten können ihr eigenes Hochschulrecht bilden und Hochschulangelegenheiten im Rahmen gesetzlicher Normen verwalten. Dieses System wurde jedoch während der Nazizeit zerstört, und es wurde nicht nach und nach bis 1949 mit der Verabschiedung des Grundgesetzes wiederhergestellt. In den 1950er und 1960er Jahren erlebte die deutsche Bildung eine Phase der Teilanpassung und einer umfassenden Reform, unter der die Veröffentlichung von Dokumenten wie „Düsseldorf-Abkommen" und „Hamburg-Abkommen" von großer Bedeutung für die Koordinierung des Schulsystems zwischen Bund und Staaten war. In diesem Stadium, da das Grundgesetz der Bundesregierung keine Bildungsbehörde gibt, gehören die Bildungsfragen in die Zuständigkeit der Staaten. Bis zur Einsetzung des Akademischen Beirats im September 1957 gab es keine klare Aufteilung der Zuständigkeiten und Zuständigkeiten und des Rechtssystems zwischen den Bund und den Staaten in der Hochschulpolitik. Die Koordinierung der Angelegenheiten zwischen den Staaten wurde hauptsächlich durch den im Jahr 1948 eingesetzten

„Bundesstaatsrat der Kulturminister " durchgeführt.

Im Jahr 1969 wurde das Bundesministerium für Bildung und Wissenschaft gegründet, das bei der Formulierung und Umsetzung staatlicher Bildungspolitiken eine koordinierende Rolle spielte. Es übte das Recht des Bildungsmanagements im Auftrag der Bundesregierung aus und formulierte eine Reihe allgemeiner Grundsätze, um die Hochschulpraxis auf der Grundlage bestehender Gesetze und Vorschriften zu leiten. In Anlehnung an diese Leitprinzipien und politischen Dokumente hat sich nach langer Zeit der Diskussion und des Feedbacks ein vollständiges Rechtssystem zur Regulierung der Hochschulbildung gebildet. Bis jetzt hat Deutschland ein kooperatives föderales System der Bildungsverwaltung gebildet. Die Bundesregierung hat eine Rolle der Aufsicht und Koordination gespielt. Der Staat hat Bildungshoheit und spielt eine Rolle bei der Planung, Organisation, Verwaltung und Überwachung von Bildungsunternehmen. Das Bundesministerium für Bildung und Wissenschaft übt das Recht auf Bildung in der föderalen Bildung aus, während die staatliche Bildung vom Bundesstaatsrat der Kulturminister koordiniert und verwaltet wird.

1.2 Der Rahmen des Rechtssystems der Hochschulausbildung in Deutschland

Das deutsche Rechtssystem, das aus mehreren Monaten von Gesetzen und Verordnungen besteht, hat einen relativ perfekten Rechtsrahmen geschaffen. Sie haben mehrdimensionale Strukturen, wie föderale und staatliche, formale und informelle. Als Quelle des Gesetzes spielen sie eine gute Rolle bei der Regulierung „des gesamten Bereichs des sozialen Lebens ", und sie haben auch administrative Instrumentalität. Als unabhängiges Verfassungsorgan hat das Bundesverfassungsgericht eine Schlüsselrolle bei der Aufrechterhaltung des reibungslosen Funktionierens des nationalen politischen Organisationssystems und der Gewährleistung der Umsetzung der Grundrechte bei der gerichtlichen Überprüfung von Verfassungsverletzungen gespielt. Es ist die Verbesserung und Entwicklung des Rechtssystems. Der rechtliche Rahmen Deutschlands setzt sich aus formellem Recht und Gewohnheitsrecht zusammen. Formale Gesetze umfassen Grundgesetze, Bundesgesetze, Staatsverfassungen und Staatsgesetze, während die üblichen Gesetze vor allem aus gesetzlichen Bestimmungen, Verwaltungsvorschriften, Staatsverträgen und Gesellschaftsverträgen bestehen. Der höchste Standard des deutschen Bundesrechts ist das Bundesgrundrecht, das im deutschen Rechtssystem eine konstitutionelle Rolle spielt. Neben dem Grundgesetz gibt es mehrere Ebenen und Arten von normativen Rechtssystemen, wie Bundesgesetze und lokale Verfassungen, Gesetze, Verwaltungsdekrete (Verordnungen), Verwaltungsvorschriften, nationale Vereinbarungen, autonome Regeln usw. Das Rechtsgrundsatz dieses Rechtssystems ist streng, die Behörde ist klar und verfügt über eine starke rechtliche und gerichtliche Funktionsfähigkeit. Das Grundgesetz ist die Kombination von Gesetzgebung und verfassungsrechtlicher Ordnung, so dass die wesentliche Konnotation von Gesetzen und Vorschriften im Zusammenhang mit der Hochschulausbildung Qualifikation und Zulassung auf dem Grundgesetz beruht.

Unter ihnen ist das Hauptteil der Verwaltungsdekrete das Bundes- und Staatsregierungen und andere Verwaltungsapparate, die unter der Genehmigung des Gesetzes ausgestellt und umgesetzt werden. Verwaltungsdekrete sind Gesetze, deren Rechtswirkung nur der vom Parlament erlassenen Rechtskraft untergeordnet ist. Sie können die spezifischen Maßnahmen der Verwaltungsorgane und der Bürger in einigen Aspekten lenken und eine breite Palette von verbindlichen Kräften haben. Die Formulierung und Verkündigung autonomer Regeln bedarf nicht der Genehmigung von Verwaltungsorganen und -gesetzen. Es handelt sich um eine Art Verhaltenskodex, der auf die interne selbstregierende juristische Person anwendbar ist und durch Gesetze anerkannt und geschützt ist.

Eine staatliche Vereinbarung ist eine juristische Person des öffentlichen Rechts, die in die Kategorie des Staates aufgenommen ist und im Rahmen der gesetzlich festgelegten Autonomie ausgestellt wird, und hat rechtliche Bestimmungen, die sich auf ihre Mitglieder und unteren Ebenen auswirken. Administrative Vorschriften sind allgemeine Verwaltungsordnungen, die von höheren Verwaltungsbehörden an niedrigere Behörden oder niedrigere Beamte erteilt werden. Sie sind von großer Bedeutung für die Verwaltungstätigkeit. Sie können die Bestimmungen des Gesetzes spezifizieren und erklären und den Verwaltungsaufwand regeln.

Das deutsche Hochschulrecht begann früh und entwickelte sich auf hohem Niveau. Die nationale gesetzliche Regulierung der Hochschulbildung hat viele Aspekte mit sich gebracht. Es entwirft und rekonstruiert das Thema der Hochschulbildung durch verschiedene Formen wie Gesetze und Verwaltungsvorschriften. Die Einschreibung zur Hochschulbildung ist der wichtigste Teil der Hochschulbildung. In der eigentlichen Rechtspraxis treten aufgrund der unklaren Rechte und Verantwortlichkeiten im Bereich der Einschreibung häufig Streitigkeiten und Widersprüche zwischen Studierenden und Universitäten auf. Daher spielt der Aufbau eines vollständigen Rechtssystems der Hochschulausbildung eine wichtige Rolle bei der Verbesserung der Funktionsweise des Hochschulwesens.

Das Hochschulgesetz in Deutschland hat folgende Rahmenbedingungen: Die rechtliche Beziehung im Bereich der Hochschulausbildung in Deutschland wird derzeit durch das Bundesgrundrecht Deutschlands, das Bundesgesetz der Hochschulbildung, das staatliche Hochschulgesetz und nationale Vereinbarungen geregelt. Unter dem Hintergrund der föderalen Systemreform erlebte das deutsche Hochschulgesetz die Übertragung von Kompetenzen zwischen Bund und Staaten, die akademischer Freiheit und Abhängigkeit von nationalen Ressourcen unterliegen. Vom Bereich der institutionellen Zusammenarbeit in der Hochschulpolitik zwischen Bund und Staaten bis zur Transformation der Einführung von Bildungsüberprüfung als gemeinsame Aufgabe zwischen Bund und Staaten, die in der Intervention von staatlichen Regulierungen und Universitäten verkörpert wird. Es sind das komplexe Spiel und das dynamische Gleichgewicht der unabhängigen Veränderung. Da die Bundesregierung keine Gesetzgebungsbefugnisse besitzt, bietet das Hochschul-Benchmark-Gesetz nicht mehr spezifische Leitlinien für die Staaten, sondern dient nur als Rahmen. Um die Einschreibung in die Hochschulbildung besser zu führen, hat jeder Staat die Einschreibungsstandards der Hochschulbildung schrittweise in seine Gesetzgebung aufgenommen und die Verfahren detaillierter standardisiert, was eine detaillierte Rechtsgrundlage für den Bereich der Einschreibung in die Hochschulbildung bietet.

2. Das rechtliche Merkmal des Erwerbs und der Zulassung der Hochschulausbildung in Deutschland

Das Hochschulgesetz umfasst alle Arten von Verhaltensweisen im Zusammenhang mit der Einschreibung und der Einschreibung an die Hochschulbildung, einschließlich Verhaltensweisen im Zusammenhang mit Studenten, die von der Regierung und den Hochschulen und Universitäten gemacht wurden, sowie Verhaltensweisen im Zusammenhang mit Colleges und Universitäten und Gesellschaft von Studenten. Die Gesetze und Vorschriften des Hochschulstudiums umfassen die rechtlichen Beziehungen und Verhaltensweisen, die an einer Reihe von Verhaltensweisen beteiligt sind, wie die Formulierung und Prüfung der Hochschulabschlüsse, die Verteilung des Hochschullehrorts und die Zulassung. Die Durchführung der Einschreibung im Hochschulbereich ist das grundlegende Element der Verwirklichung des Ziels der Hochschulausbildung. Die Verbesserung der Qualität der Einschreibungen der Studierenden wirkt sich direkt auf die Erreichung des Hochschulziels aus. Das Einschreibverhalten der Hochschulbildung spiegelt auch die effektive und multi-element und die Interaktion der Richtig (Leistung) zwischen den Studierenden, Hochschulen und dem Staat wider. Konkret beinhaltet die Einschreibung der Hochschulbildung zwei Arten von Verhaltensweisen: den Erwerb der Einschreibqualifikation und die Zulassung der Hochschulbildung. Diese zwei Arten von Verhaltensweisen sind nicht zwei Phasen eines Prozesses, sondern organische Gemeinschaften, die unter dem Zusammenspiel von multidimensionalen Faktoren gebildet werden. Der Prozess der Einschreibung in die Hochschulbildung umfasst im Wesentlichen den gesamten Prozess von der Anwendung der Hochschulabschlüsse bis zur Bestimmung des Studentenstatus. Durch das Denken und die Analyse der rechtlichen Probleme in den fünf Arten von Verhaltensweisen, die durch das Hochschulstudium geregelt sind, offenbart dieses Papier die rechtliche Bedeutung und Bildungsbedeutung hinter dem Einschreibeverfahren. Wie in der Abbildung dargestellt, wird sie in die folgenden fünf Arten von Verfahren unterteilt.

Antrag auf Zulassung zur Hochschul bildung	Prüfung der Hochschul -qualifika -tion	Skalierung der Hochschul -bildung	Zulassung zur Hochschul -bildung	Zulassung zur Hochschul -bildung

Anforderungen an die Hochschulkapazität: Entwicklung der Zulassung, Verfahren zur Qualifizierung , Anforderungen	Ob es genügend Lernpositionen gibt, Ob die Studie über Major begrenzt ist, Angemessenes Niveau der Zulassung	Vollständige Registrierung, Abschluss in der Schulbeziehung

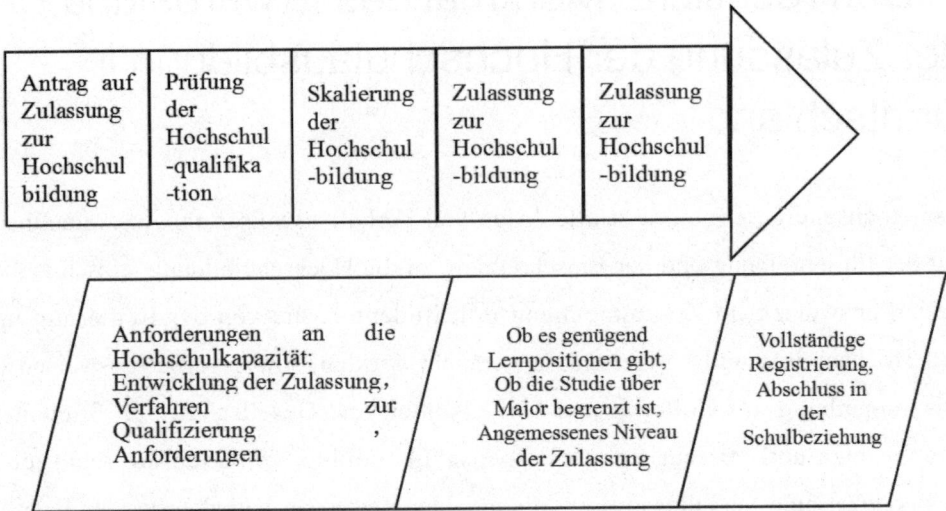

Abbildung 5   Zulassungsverfahren für das Hochschulwesen

Das Gesetz der Hochschulausbildung umfasst zwei Teile: das Qualifikationsrecht und das Zulassungsrecht. Darunter fallen das Gesetz über die Hochschulqualifikation vor allem Studien, die die Studierenden für die Hochschulausbildung erwerben müssen, und welche Art von Qualifikationen können Studierende an der Universität studieren? Was für ein rechtes Attribut verkörpert die Einschränkung der Hochschulzugangsberechtigung? Welche Grundrechte stehen hinter dem Qualifikationsantrag? Der Schwerpunkt des Hochschulqualifikationsrechts liegen bei den Bewerbern, die noch keine Hochschulstudierenden sind. Die Formulierung der Qualifikation und die rechtlichen Vorteile einer unabhängigen Wahl und die Gleichberechtigung des Hochschulwesens, die dem Antrag beigefügt sind, sind die Schlüsselthemen, auf die im Qualifikationsrecht zu achten ist. Als gesetzliche Norm und Grundsatz zur Regelung der Bedingungen für den Antrag auf Hochschulabschluss steht das Hochschulstudium logischerweise im Zusammenhang mit dem Hochschullizenzrecht. Sie passen gemeinsam die Verhaltensnormen der Teilnehmer im Bereich der Hochschuleingabe an und regeln den rechtlichen Status und die rechtlichen Beziehungen von Fächern und Gegenständen, die an dem komplexen Prozess der Hochschuleingabe beteiligt sind.

Das Zulassungsrecht der Hochschulbildung löst vor allem die rechtlichen Probleme bei der Zuweisung von Lernpositionen. Als rechtliche Objekte erkennen die Studierenden den Übergang von der Zulassung der Hochschulbildung zur Bildung von Lernverhältnissen unter der Voraussetzung der Zulassung zur Hochschulbildung an. Als Rechtsgegenstand des Lizenzrechts haben Hochschulen und Universitäten das Recht auf Autonomie. Sie können Bewerber nach der Zuweisung von Lernpositionen und lokalen Zulassungsbeschränkungen auswählen und anmelden und schließlich die substanzielle Lernvertragsbeziehung zwischen Studierenden und Hochschulen und Universitäten realisieren. In vielen Fällen, bei denen es sich um die Hochschulausbildung handelt, sind zahlreiche Fälle mit der Frage der Größenordnung verbunden. Das Ausmaß der Hochschulbildung beeinflusst die Anzahl der Lernpositionen und die Auswahl der Verteilungsverfahren. Wenn die Zahl der Studienbewerber geringer ist als die Zahl der Studierenden, die von den Hochschulen zugelassen werden sollen, d. h. die Hochschulbildung stellt eine Marktsituation des Überangebots dar, und die Bewerberinnen und Bewerber erfüllen die Zulassungsvoraussetzungen, ist die etablierte Einschreibskala der Hochschulen und Universitäten zu einem wichtigen Faktor geworden, der sich auf die Einrichtung der Lernbeziehung qualifizierter Studenten auswirkt.

Es besteht kein Zweifel daran, dass es einen wichtigen Zusammenhang zwischen der Zulassung und der Zulassung der Hochschulbildung, d. h. dem Umfang der Hochschulbildung, gibt. Aufgrund des Umfangs der Hochschulbildung sind die beruflichen Beschränkungen oder die örtlichen Zulassungsbeschränkungen die Schlüsselfaktoren, die bei der Formulierung der Hochschulzugangspolitik berücksichtigt werden müssen. Konkret sind die Einschreibungs- und Zulassungsberechtigung für die Hochschulbildung folgende Rechtswege: Abschätzung der Skala (Skalarecht der Hochschulbildung), Erwerb der Einschreibqualifikation (Qualifikationsrecht der Hochschulbildung), Zuweisung von Lehrstellen in der Hochschulbildung (Zulassungsrecht der Hochschulbildung). In einem solchen Rechtsrahmen gibt es eine enge und mehrdimensionale Beziehung zwischen dem Gesetz der Größenordnung, dem Gesetz der Qualifikation und dem Lizenzrecht. Unter ihnen ist das Gesetz der Hochschulskala die Grundlage der Gesetzgebung des Zulassungsrechts und des

Zulassungsrechts und die unvermeidliche Voraussetzung für die Durchführung der praktischen Tätigkeit.

2.1 Juristisches Attribut des Erwerbs von Hochschulabschluss

Die Zulassungsqualifikation der Hochschulbildung bezieht sich auf die Einstiegsschwelle der Hochschulbildung, d.h. auf die Art der Fähigkeit, die die Bewerber haben können, um die Zulassung zur Hochschulbildung zu beantragen und eine Hochschulbildung zu erhalten. Die Zulassung ist ein wichtiger Weg, um die Qualität der Hochschulteilnehmer zu gewährleisten und das Ziel der Talentausbildung zu erreichen, und sie ist auch eine Grundvoraussetzung für die Verbesserung der umfassenden Qualität der Hochschulbildung. Die Umsetzung des Hochschuleinschreibverhaltens hängt von der spezifischen Zulassungsqualifikation im Recht ab. Nur diejenigen Bewerber, die nachweisen können, dass sie über eine gute Wissenskompetenz, eine Multiple-Fähigkeitsstruktur verfügen, können den weiteren Lernprozess unterstützen und damit den Zweck der Hochschulbildung erreichen, können das Recht haben, sich für den Lernort zu bewerben. Der Zweck der Einschränkung der Zulassung von Hochschulen und Universitäten besteht darin, das Problem der Zuteilung besser zu regeln, d. h. wenn die Zahl der Bewerber, die für die Aufnahme in die Hochschulbildung qualifiziert sind, die Zahl der Personen übersteigt, die aus den vorhandenen Mitteln der Hochschulbildung lernen können, wie man die Lernposition vernünftig und effektiv zuweisen kann? Vor dem Hintergrund der derzeitigen Ausweitung der Hochschulbildung, insbesondere der Tatsache, dass Colleges und Universitäten zu einem wichtigen Fachbereich der Berufsqualifikation geworden sind, hat die offene Debatte über den „akademischen " Bereich der Hochschulbildung einen tiefgreifenden Einfluss auf die praktischen Funktionen der Hochschulbildung genommen. Wir müssen die neue Mission der Universität überdenken und positionieren. Wo wird unter dem Hintergrund des absoluten Vorteils der akademischen Bildung der Zusammenhang zwischen wissenschaftlicher Wissenspositionierung und beruflicher Qualifikation gehen? Die Grenze zwischen beruflicher Bildung und akademischer Bildung ist immer fließender geworden, und die neue Bildungsstruktur ist über die Grenzen des traditionellen Systems hinaus geschaffen worden. Die Hochschulausbildung bietet Hochschulen und Universitäten die Möglichkeit, ihre eigenen Bewerber durch die Überprüfung der akademischen Fähigkeiten und Anwendbarkeit der Lehrpläne zu wählen, was eine andere Form der Anerkennung der Autonomie von Hochschulen und Universitäten ist.

Der Erwerb des Hochschulabschlusses umfasst vor allem die folgenden Arten von Verhaltensweisen: Hochschulen und Universitäten formulieren und promovieren die Einschreibqualifikation, Studenten beantragen die Einschreibqualifikation von Hochschulen und Universitäten, Colleges und Universitäten überprüfen die Einschreibung nach den entsprechenden Standards und bestimmten Verfahren, und Studenten erhalten die Einschreibqualifikation der Hochschulbildung nach den Ergebnissen der Prüfung. In diesem strengen Verfahrensrahmen wird der Erwerb von Hochschulabschlüssen zunächst durch einen Qualifizierungsantrag erreicht, der ein gestaffeltes Verfahren und Verhaltensverfahren einschließt, einschließlich der Formulierung von Qualifikationen, der Bewerbung, der Qualifizierungsprüfung und der Qualifizierung. Die vier Stufen sind gegenseitig kausal und gemeinsam das Ziel der Qualifizierung zu erreichen. Im Vergleich zum Zulassungssystem deutscher klassischer Universitäten hat sich das Zulassungsverfahren der Hochschulbildung in dieser Phase stark verändert. Für die Bewerber mit spezifischer Identität und besonderen Umständen ist das diversifizierte Aufnahmesystem der Hochschulbildung, das durch die gleiche akademische Kapazität des Berufsqualifikationspersonals repräsentiert wird, zur Ergänzung der traditionellen Zulassungsqualifikation des High School Diploms geworden. Zur Zeit kann das Abitur auf vielfältige Weise erworben werden: durch Abitur in der Mittelschule Kunst und Wissenschaft, Berufsschule, Erwachsenenbildung und Vorbereitungsschule an der Fachhochschule, an der Managementschule, an der nationalen anerkannten Fachhochschule, an der Fachhochschule, an der Fachhochschule, an der Fachhochschule, an der Fachhochschule oder an der Fachhochschule durch den Abschluss der Abschlussprüfung. Abschluss der landesweit anerkannten Berufsqualifikation, das vom Staat anerkannte technische

Personal oder die vom Staat anerkannten Wirtschaftsbeteiligten, die erfolgreiche Verabschiedung des Gesetzes über die berufliche Bildung, des Handwerks und anderer offener Rechtsvorschriften der gleichen beruflichen Weiterbildung wie die Abschlußprüfung usw., wird als ein Abiturdiplom anerkannt. Für diejenigen, die kein Highschool-Diplom haben, wenn sie eine Hochschulausbildung absolvieren wollen, können sie zurück in eine spezielle Schule für das Sanierungsstudium gehen und eine Hochschulreife erhalten. Sie können auch ihre bestehenden beruflichen Fähigkeiten und Berufserfahrung mit der gleichen akademischen Kapazität nutzen, durch die Studienlektüre der Universität, die Aufnahmeprüfung und die direkte Einschreibung, usw., um in die Atmosphäre des Colleges einzutreten, die durch ein Highschool-Diplom zu vertreten ist. Qualifikationen, eine vollständige Präsentation der akademischen Leistung der Bewerber, der Struktur der Wissensfähigkeit und der Grundkompetenz in der High School, können die adaptiven Erwartungen der Schüler an das College-Leben von der Seite widerspiegeln. Allerdings werden spezielle Studienpläne und Lehrpläne zu den allgemeinen Qualifikationen der mit den Berufsqualifikationen eng verbundenen Majors, wie Kunst, Medizin und Recht, hinzugefügt. Um den Lernenden zu helfen, den Lernprozess besser zu verstehen, formulieren die Hochschulen und Universitäten gemäß ihren eigenen Lehrplänen, dem Personalstand und den Marktanforderungen für die berufliche Befähigung der Mitarbeiter, die entsprechenden Talentauswahl-Standards, nämlich „schulische Einschreibqualifikation " und die Einführung von „Begabungs-Verfahren ", um bestimmten Gruppen bei der Erlangung der Einschreibungserlaubnis zu helfen.

Diese Art von Verhalten beinhaltet eine Reihe von wichtigen rechtlichen Fragen: Ist es ein vernünftiges und rechtliches Verhalten für die Studenten, die bereit sind, die Hochschulbildung anzunehmen, um die entsprechenden Qualifikationen der Hochschulbildung zu erstellen und zu überprüfen? Entspricht die Umsetzung der einschlägigen Zulassungsrechtsakte dem Schutz des Rechts auf Bildung, dem Recht auf berufliche Freiheit, dem Recht auf Bildungsgleichheit und anderen in der Verfassung, dem Hochschulrecht und anderen Rechts- und Verwaltungsvorschriften verankerten Rechten? Vor der Beantwortung der rechtlichen Fragen im Zusammenhang mit dem

Erwerb von Hochschulabschlüssen ist es sehr wichtig, den rechtlichen Status und den rechtlichen Zweck von Hochschulen und Universitäten zu verstehen, die die wichtigen Akteure beim Erwerb der Einschreibqualifikation sind. Der rechtliche Status von Colleges und Universitäten hat einen direkten Einfluss auf das Verhalten des Einschreibverhaltens. Die Hochschulen haben den doppelten rechtlichen Status von Gruppenjuristen und staatlichen Institutionen, in denen die Gruppenjuristin das Hauptmerkmal der Mitgliedschaft hat, und sie haben das Recht, die Interessen der internen Mitglieder durch autonome Regelungen zu schützen, während der Wechsel der Mitgliedschaft den Gesamtcharakter der Gruppe nicht berührt. Nach Genehmigung des Gesetzes übt eine Gruppenjuristische Person die Selbstverwaltung über die Mitgliedschaft, Rechte und Pflichten ihrer Mitglieder aus und koordiniert und regelt das Verhalten ihrer Mitglieder. Gleichzeitig werden die gemeinsamen Angelegenheiten der Mitgliedsgruppen insgesamt auf der Grundlage der Zustimmung der Mitglieder verwaltet.

Die Aufgabe der Hochschulbildung besteht darin, Forschung, Lehre und Weiterbildung zu fördern, Reservattalente mit wissenschaftlichem und künstlerischem Erbe zu pflegen, freier, demokratischer und sozialer Rechtsstaatlichkeit zu dienen und die Aufgabe zu erfüllen, Wissenschaft und Kunst zu dienen und zu entwickeln. Die Hochschulbildung orientiert sich an dem pädagogischen Ziel der öffentlichen Wohlfahrt. Das Einschreibungsverhalten der Hochschulbildung soll die angemessene Verteilung der öffentlichen Interessen auf der Grundlage des gleichen Rechts der Bürger auf Bildung gewährleisten. Gleichzeitig gewähren Hochschulen und Universitäten den Studierenden eine gewisse soziale Unterstützung, berücksichtigen die Bedürfnisse spezieller Studierende voll und ganz und sorgen dafür, dass behinderte Studierende während ihres Studiums nicht aufgrund externer Faktoren benachteiligt werden. Darüber hinaus sind der Hochschulaustausch und die Zusammenarbeit zwischen Regionen und Ländern in den letzten Jahren auch die Entwicklung der Bildung. Wie kann man eine logische Wahl treffen zwischen der Aufnahme der Hochschulbildung als Mittel und dem Zweck der Hochschulbildung?

Eine gute Personalschulung und -qualität sind förderlich für die Verwirklichung der

Hochschulziele und für die Erfüllung der Hochschulaufgaben. Wenn die Einrichtung und Prüfung der Zugangsqualifikation die wesentliche Relevanz für den Zweck und die Aufgabe der Hochschulbildung einschränkt. Wenn es dann Bewerber gibt, die die Ausbildungsziele für das Studium an Colleges und Universitäten nicht erfüllen, wird dies die rationelle Nutzung der Bildungsressourcen in gewissem Maße behindern. Ein Bewerber, der die Studienqualifikation nicht erfüllen kann, verfügt nicht über die erforderliche Grundkompetenz, um sein Studium zu absolvieren, noch kann er die Ziele und Anforderungen der Hochschulbildung auf individueller Hochschul- und Sozialebene erreichen. Die Verwendung von Qualifikationen als zentrales Mittel zur Einschränkung der Einschreibung fördert die Verwirklichung von Bildungszielen und die Vermeidung von Verschwendung von Bildungsressourcen.

Die Formulierung, Anerkennung und Prüfung der Studienqualifikation der Studierenden in der Einschreibungsphase der Hochschulbildung zielt tatsächlich darauf ab, spezialisierte Talente mit bestimmter akademischer Qualität zu fördern, Wissenschaft und Kultur zu entwickeln, sicherzustellen, dass die Bürger in allen Phasen gleiche Rechte auf Bildung haben, die wirksame Nutzung der Bildungsressourcen zu fördern und das öffentliche Interesse an der Förderung der Entwicklung der nationalen Bildung zu erreichen. Die allgemeine Natur der Hochschulbildung ist die Kombination der individuellen Interessen in den sozialen Organisationen, die aus der letztendlichen Rückernährung des Einzelnen resultiert. Die Gemeinsamkeit ist jedoch nicht gleich der richtigen Natur, die die Relativität des Individuums bei der Durchführung der richtigen Quote hat.

Diese Relativitätstheorie ist das im Verwaltungsrecht definierte „Proportionalprinzip ". Nach dem Grundsatz der Verhältnismäßigkeit sollten bei der Durchführung von Verwaltungsakten die Regierungsorgane die Verwaltungsziele berücksichtigen und die Interessen der Gegenpartei schützen, d. h. die Interessen der verletzten Person oder Organisation sollten die öffentlichen Interessen, die die Regierung erreichen will, nicht übersteigen. Im Bereich der Hochschulausbildung wird der Eintritt von Studierenden, die die Einschreibung nicht absolvieren, in gewissem Maße die öffentlichen Interessen der Hochschulbildung beeinflussen. In diesem Zusammenhang kann die Bildung der Grundpflicht der sozialen Gerechtigkeit gerecht werden, wenn es einen Konflikt zwischen persönlichen Interessen und öffentlichen Interessen gibt, nur wenn die Interessen gemessen werden und die öffentlichen Interessen des höheren Werts gewählt werden. Wenn die Bewerber aufgrund ihrer eigenen Bedingungen die Zulassung nicht erhalten und dem Grundsatz des gerechten Ausgleichs folgen, muss die Bildungsabteilung eine gerechte und gerechte Linderung und Entschädigung erreichen, den Schaden der persönlichen Rechte und Interessen verringern, den Zugang zur Hochschulbildung erweitern und die berufliche Qualifizierung stärken, sind die Entlastungsmaßnahmen für persönliche Interessen. Aus der Sicht des Wohlfahrtsstaates kann das Beteiligungsrecht nur unter strengen, formalen und materiellen Bedingungen ausgeübt werden. Bei der Nutzung öffentlicher Mittel zur Einrichtung von Ausbildungseinrichtungen muss der Staat auch gleiche und freie Teilnahmemöglichkeiten gewährleisten. Die Einschreibung von Hochschulen und Universitäten basiert auf den tatsächlichen Bedürfnissen der einzelnen Hochschulen und Universitäten, den einschlägigen Gesetzen und Erfahrungsnormen, objektiven Standards und den Bildungsbehörden jedes Staates und der umsichtig abgeschlossenen Disziplinarqualifikation, die nicht im Widerspruch zu Verfassung und Gesetzen steht. Daher sollten die nicht qualifizierten Bewerber durch die Bestimmungen eingeschränkt werden. Darüber hinaus haben die Hochschulen und Universitäten mit der Entwicklung der Industrialisierung des Hochschulwesens als eine Art Finanzgesellschaft mit doppeltem Ziel von Profit und öffentlicher Wohlfahrt begonnen, ihren eigenen Nutzen im Hochschulprozess aufgrund der unvermeidlichen Anforderungen an die Kostenteilung der Hochschulbildung zu berücksichtigen.

Auf der Grundlage der vernünftigen Bildungsgleichheit ist eine bevorzugte differenzierte Behandlung schutzbedürftiger Gruppen eine Art angemessener differenzierter Behandlung, zum Beispiel, um die wesentliche Gleichheit zwischen den ungleichen Rechten zu erreichen, ist es notwendig, die Aufnahmewerte der ethnischen Minderheiten zu verringern, basierend auf der Erkenntnis, dass es Unterschiede gibt, so dass die „differenzierte Behandlung " ethnischer Minderheiten ein notwendiges Konzept und Mittel wird, sie gleich zu machen. Im Bereich der Hochschulbildung bieten

Hochschulen und Universitäten Bewerbern durch die Prüfung der Studienabschlüsse Zugang. Erst wenn diese externen Qualifikationen mit Lernfähigkeit erfüllt sind, können Bewerber die Möglichkeit haben, eine Hochschulausbildung zu absolvieren. Was für ein Verhalten sind „Qualifizierungsantrag " und „Qualifizierungsprüfung "? Gibt es ein Gleichgewicht zwischen den Mitteln und dem Zweck dieses Qualifikationsverhaltens, und gibt es eine substanzielle Beziehung zwischen den Mitteln und dem Zweck? Es gibt in der Verfassung einen doppelten Bezugsstandard für Qualifikationsanforderungen: Einerseits sollte er den Anforderungen der künftigen Berufstätigkeit entsprechen, andererseits sollte er den Anforderungen der Hochschulausbildung entsprechen. Die Aufnahmefähigkeit der Universität ist nicht der Aufnahmestandard der Universität. Angesichts der Relevanz der Grundrechte des Hochschulstudiums muss der Gesetzgeber entscheiden, welche Qualifikationsanforderungen auf den Bereich der Hochschulausbildung anwendbar sind. Muss die Hochschulzugangsberechtigung jedoch mit dem bestehenden Wissenszertifikat in Zusammenhang stehen? Bei dem Erwerb von Zulassungsqualifikationen gibt es keine vernünftige differenzierte Behandlung, denn nur auf der Grundlage der Homogenität kann eine differenzierte Behandlung sinnvoll sein. Im traditionellen Sinne bezieht sich die Eignungsprüfung vor allem auf den Bereich Sport und Kunst. Der Gesetzgeber hat die Möglichkeit und das Recht, sich durch die von der Universität selbst formulierten Qualifikationen mit dem Zugang zur Hochschulbildung zu verbinden. Er stellt besondere Anforderungen an spezifische Studiengänge, erhöht die Wirksamkeit der akademischen Zulassungsqualifikationen und spiegelt auch den Trend zur diversifizierten Entwicklung der Fähigkeiten der Studierenden wider.

Bei der Erlangung der Studienqualifikation nehmen Colleges und Universitäten an der Formulierung und Prüfung der Einschreibqualifikation teil. Colleges und Universitäten verfügen über einen gewissen Grad an Autonomie für die Bedingungen der Einschreibqualifikation, so dass die Formulierung und Prüfung der Einschreibqualifikation alle auf ihrer eigenen tatsächlichen Autonomie beruhen. Die Autonomie umfasst insbesondere das Recht der Personen, die Zulassung zu beantragen und spezifische Bildungsleistungen zu gewähren. Die Formulierung und

Prüfung der Zulassungsqualifikation ist der Inbegriff der Autonomie von Hochschulen und Universitäten sowie des Verhaltens von Hochschulen und Universitäten in der Zulassungsphase. Seit langer Zeit sind die Gesetzgebung und das soziale Umfeld durch das traditionelle Konzept der Hochschulabschlüsse durch das allgemeine Hochschuldiplom eingeschränkt worden. Mit der Entwicklung des Hochschulstudiums im Zusammenhang mit der Verwaltungspraxis und dem Reformprozess des Hochschulrechts wird es jedoch immer wichtiger, die „Autonomie " der Hochschulen zu stärken. Es ist zu einem unvermeidlichen Trend der Bildungsentwicklung geworden, um die Durchlässigkeit zwischen den Bildungssystemen zu verbessern. Allerdings bestehen noch immer Einschränkungen bei der Einschreibung in das College. In der Erststudium werden etwa 45% der Lehrveranstaltungen durch Einschreibung eingeschränkt. In diesem Zusammenhang ist die Einführung des Qualifikationsbewertun-gsprozesses zu einem heißen Thema geworden. In der Praxis schränken die Gesetzgeber die Qualifikation des Hochschulwesens nicht von der verfassungsmäßigen Ebene ab, sondern durch die allgemeinen Zulassungsverfahren und die Umsetzung des Systems der Begutachtung der Fähigkeiten, um die Ergebnisse der Hochschulvorbereitung zu überprüfen.

2.2 Juristisches Attribut der Zulassung von Hochschulen und Universitäten

Die Hochschulbewerber haben die freie Wahl von Hochschulen und Hauptfächern erlebt, die grundlegende Prüfung der Aufnahmequalifikationen der Hochschulbildung und bildeten die „Ernennungsverhältnisse " mit Hochschulen und Universitäten. Um die Aufnahme der Hochschulbildung in einem realen Sinne zu verwirklichen, müssen Hochschulen und Universitäten die Aufnahme von Studierenden durch die Verteilung von Lernpositionen realisieren und die tatsächliche Lernbeziehung mit den Studierenden gestalten. Das Auswahlverfahren des Hochschullizenzrechts unterscheidet sich von der Begutachtung des Qualifikationsrechts, ist eine sekundäre Wahl und ihre Verfahren und Auswahlkriterien werden im Voraus formuliert. Das Hochschulgesetz und das Hochschulgesetz der einzelnen Staaten haben entsprechende Bestimmungen über das Verteilungsverfahren des Lernorts getroffen, und selbst der Gesetzgeber hat das Gesetz über die Hochschulskala erlassen, um die Hochschulbildung durch spezielle Gesetze zu regeln, und so weiter. Sowohl das Qualifikationsrecht als auch das Genehmigungsrecht der Hochschulen und Universitäten betreffen das Problem des Wahlrechts der Hochschulen und Universitäten. Die Qualifikation des Bewerbers beruht jedoch auf der Auswahl der Fähigkeiten des Bewerbers. Zu den Qualifikationen des Bewerbers gehören vor allem die Schulabschlussergebnisse, die Lernergebnisse bestimmter Disziplinen, die berufliche Ausbildung und die Ergebnisse der Bewerbungsgespräche. Nur die „studierenden " Schüler, die diese Prüfungsbeziehung bestehen, haben das Recht, ihr eigenes Haupt- und Schulwesen zu wählen. Nachdem die Schüler ihre Intention beendet haben, wenn der Major, den sie wählen, eingeschränkt ist, stehen sie vor einer zweiten Wahl.

In der deutschen Hochschulausbildung gibt es eine besondere Politik, d. h. die Zuweisung von Lernpositionen in den eingeschränkten Studiengängen. Es ist ein wichtiger Teil der deutschen Hochschulbildung, dass die Hochschulbildung die Zuweisung von Lernpositionen für die wichtigsten Einschreibungen einschränkt. Ihr Ziel ist es, Bewerbern eine bestimmte Anzahl von Lernpositionen im Einklang mit dem Gleichbehandlungsgrundsatz zu gewähren. Nach ihrer eigenen Situation schränken Colleges und Universitäten die Zulassung einiger Majors ein. In Deutschland sind medizinische, rechtliche, biologische, zahnärztliche, pharmakologische, psychologische, kaufmännische und andere Fachrichtungen weit verbreitet, so dass sie in den Colleges und Universitäten im ganzen Land als eingeschränkte Studiengänge aufgeführt sind. Diese Kurse sind in kontinuierlicher und dynamischer Entwicklung, hauptsächlich durch den beruflichen Entwicklungsstand eines jeden Semesters und die Popularität von Forschungsthemen, und oft in einer Art von wettbewerbsfähiger Status. Unabhängig davon, ob es sich um das Gesetz des Hochschulwesens oder um das Gesetz der Genehmigung handelt, ist die Verteilung des Hochschulanteils auf eine solche soziale Situation zurückzuführen: Die Hochschulbildung ist knapp im Angebot, vor allem für begrenzte Majors. Bei der Festlegung der Einschreibquote wird die Zahl der Einschreibungen die Zahl der Studienplätze der einzelnen Hochschulen übersteigen, und wenn die Zahl der Studienbewerber die Kapazität übersteigt, die die Hochschule tragen kann, dann wird die Universität die Autonomie bei der Zuweisung des Lernorts gemäß den Bestimmungen des Hochschulstudienrechts genießen, die sozialen Ressourcen voll mobilisieren und die Bildungskapazität angemessen zuweisen. Bei den Bewerbern gibt es keine unangemessenen Vorteile, wenn sie eine Lernposition beantragen, und sie müssen auf der Grundlage der Anerkennung vorhandener Fähigkeiten fair behandelt werden. Nach dem Abkommen über die Aufteilung der Bildungsressourcen zwischen den Ländern haben Ausländer und Deutsche den gleichen rechtlichen Status und das Recht, die Hochschulbildung im Bereich der Hochschulausbildung zu teilen. Bei der Vergabe von Lehrpositionen müssen die Einschreibeverordnungen jeder Hochschule von der Bildungsbehörde genehmigt werden. Die Einschreibzahl einer Hochschule ist durch die Aufnahmekapazität des betreffenden Jahres begrenzt und kann nur für einen bestimmten Zeitraum angewandt werden. Die spezifische Zahl der Einschreibungen sollte im Einklang mit den Budgetvorschriften stehen und den detaillierten Lehr- und Unterrichtsplan berücksichtigen. Wenn es sich jedoch um die Prüfung neuer Kurse und neuer Methoden, die Reorganisation von Kursen und die Selbstverwaltung und die besonderen Umstände wie die Entwicklung oder die Einrichtung von Universitäten handelt, kann die Einschreibung entsprechend angepasst werden. Die spezifische Berechnung dieser Zahl ist jedoch ein komplexer Prozess. Die jährliche Einschreibungskapazität muss auf der Grundlage der Lehrart, der Bildungsausgaben und der Fähigkeit berechnet werden, die Anzahl der Plätze, die von Hochschulfachleuten zur Verfügung gestellt werden, weiter zu bestimmen. Zum Beispiel wird die Zahl der Medizinstudenten durch den Mangel an medizinischen Versuchspersonen begrenzt. Die Bildungskosten werden von Hochschulen und Universitäten durch die entsprechenden Standardwerte der Hochschulkurse festgelegt. Durch die Verbesserung der Lehrweise muss die durch die Zunahme der Zahl der Studierenden verursachte Belastung durch Hochschulen und Universitäten optimiert werden. Für die begrenzten Studiengänge können Hochschulen und Universitäten die Bewerber wählen, die das höchste Studienniveau nach der Eignung und Motivation von Studierenden außerhalb des Auswahlprozesses von Hochschulen und Universitäten absolvieren können. Die Beschränkung der Spezialschwerpunkte basiert nicht auf der Beschränkung der eigenen Fähigkeiten der Studierenden, sondern wird von der sozialen Realität der beruflichen Entwicklung und der zukünftigen Entwicklung beeinflusst. Das Grundprinzip der umfassenden Anwendbarkeitsprüfung für die Formulierung der Hochschulzugangsqualifikation, die Formulierung von Auswahlkriterien und die Einzelheiten der Auswahlverfahren sind in der Universitätsverfassung festgelegt.

Es ist erforderlich, ein spezielles Überprüfungsverfahren durchzuführen, um festzustellen, in welchem Umfang restriktive Einrichtungen eingeführt werden, bevor die Zulassungsbeschränkungen in Colleges und Universitäten umgesetzt werden. In den Hochschulen und Universitäten umfassen die Maßnahmen zur Beschränkung der Zulassung von Bewerbern vor allem die Zulassungsskala, d. h. die Zahl der Bewerber und die Zulassungskriterien, die eine Neuwahl aufgrund der Zulassungsqualifikationen darstellen. Die absoluten Zulassungsbeschränkungen für Hochschulstudenten mit spezifischer Berufsorientierung sind konstitutionell. Der Gesetzgeber muss entscheiden, ob er die Voraussetzungen für absolute Zulassungsbeschränkungen und die anwendbaren Auswahlkriterien festlegt. BVerfGE33,(303)、BVerfGE33,(304) und andere Verfassungsgerichtsverfahren wiesen darauf hin, dass Hochschulen und Universitäten von der Bildungsverwaltung ermächtigt werden können, die Einschreibungsdaten innerhalb bestimmter Grenzen zu verwalten. In dem Fall, dass der Gesetzgeber keine gewisse Art und einen gewissen Anteil der Auswahlkriterien für absolute Zulassungsbeschränkungen hat, egal wie die Universität den Auswahlprozess der Bewerber gestaltet, muss die durchschnittliche Punktzahl der Highschool-Graduierung entscheidende Auswirkungen auf die Zulassung der Studierenden haben. Aufgrund des Mangels an föderaler Gesetzgebungsfähigkeit kann das Hochschul-Benchmark-Gesetz den Staaten nicht spezifische Leitprinzipien geben, sondern nur einen Rahmen schaffen. Daher sollten die Staaten weitere Normen in ihre Rechtsvorschriften aufnehmen und die Verfahren detaillierter regeln. Für die Lernkursen, die nicht nur auf die nationale Einschreibung beschränken, ist die staatliche Autorität in vollem Umfang von der Bundesregierung und die Staaten werden auch geeignete Präferenzpolitiken für ihre Studierenden festlegen.

Es gibt einige Probleme in der derzeitigen Praxis der Auswahl von Studenten im Rahmen der Einschränkung der Einschreibung: Der durchschnittliche Grad der Zulassung der Hochschulbildung ist ein wichtiger Standard, um die Lernfähigkeit der Studienbewerber zu beweisen. Die Funktion dieses Niveaus bringt jedoch folgende Schwierigkeiten mit sich: Durch die hohe Aggregation der Zulassungsqualifikationen werden die Lernschwierigkeiten verschiedener Disziplinen und Niveaus den bestehenden Qualifikationen und Niveaus der Studienbewerber mit den spezifischen Anforderungen der einzelnen Lernpläne in Einklang gebracht. Die Testergebnisse sind daher nicht überzeugend, wenn es darum geht, die umfassende Fähigkeit der Antragsteller zu messen. Obwohl die durchschnittliche Punktzahl der beste Indikator für den akademischen Erfolg der Studierenden ist, ist sie in verschiedenen Graden wirksam. Darüber hinaus hat eine bestimmte Anzahl von Schulabbrechern und Schulabbrechern die begrenzte Vergleichbarkeit von Hochschulabschlüssen mit guten Durchschnittswerten erreicht, was bedeutet, dass Durchschnittswerte die einzigen relevanten Auswahlkriterien für die meisten Bewerber in der gegenwärtigen Situation sind. Derzeit wird die Zulassung der Hochschulbildung im ganzen Land durch Kapazitätsregelungen und Auswahlnormen organisiert, was die Initiative der Hochschulen behindert. Daher führt es auch zu einem immer stärkeren Wettbewerb zwischen Hochschulen und Universitäten. Hochwertige Studierende sind zu einem wichtigen Faktor geworden, der die Entwicklung von Hochschulen und Universitäten beeinflusst. In diesem Zusammenhang kann die Einführung eines unabhängigen akademischen Eignungstests oder Auswahlverfahrens einen großen Beitrag zur Lösung dieser Probleme leisten.

Die Zulassung zur Zulassung und die Festlegung der Aufnahmeskala sind sowohl Ausdruck der Autonomie des Hochschulstudiums als auch der Auswahl der Bewerber. Bei der Auswahl des Programms ist auch das wissenschaftliche Programmdesign sehr notwendig. Im Allgemeinen sollte das Qualifikationsprofil der Hochschulwissenschaftler die objektiven Anforderungen des gewählten Hauptfiguren so weit wie möglich erfüllen. Doch die Angemessenheit zwischen den Fähigkeiten der Studierenden und den Anforderungen ihrer Lernpläne wird von Individuum zu Individuum variieren. Derzeit ist jedoch das Verständnis der Hochschulabsolventen für die Qualifikationsbedingungen nicht klar genug, um auf Bewerber mit unterschiedlichen Qualifikationsniveaus zu reagieren. Man kann voraussagen, dass die zunehmende Vielfalt der Lehrpläne und die zunehmende Heterogenität der Bildungsbedürfnisse neuer Studenten vor allem angesichts der zunehmenden Tendenz der Mobilität der Studenten zwischen dem Inland und der EU zunehmen. Colleges und Universitäten beteiligen sich aktiv am Auswahlprozess der Bewerber an der Einschreibphase der Hochschulbildung, was ein wichtiges Mittel zur Verbesserung der Humanressourcen innerhalb der Institutionen und der Identität der Schulmitglieder ist. Um den zunehmenden Wettbewerb mit den europäischen Hochschulen bewältigen zu können, müssen die Hochschulen ihre eigenen Prioritäten festlegen und spielen eine wichtige Rolle.

3. Das richtige Attribut und der Inhalt des Hochschulstudiums

3.1 Das richtige Attribut der Eintrittsqualifikation und Zulassung

Die Art und der Inhalt der Rechte, die Struktur der Rechte stehen im Zusammenhang mit dem Erwerb der Zulassung und der Zulassung zur Hochschulbildung, die wichtige Fragen im Zusammenhang mit der Entwicklung der Studierenden und der Würde der Persönlichkeit sind, indirekt und tiefgreifend die Entwicklung der Hochschulbildung und des sozialen Fortschritts beeinflussen. Das richtige Attribut, das an der Einschreibung beteiligt ist, hat einen vollständigen rechtlichen Grund. Der Bereich der deutschen Hochschulausbildung hat eine umfassende rechtliche Struktur von der Verfassung bis zum staatlichen Hochschulgesetz. Im Bereich der Hochschulbildung kann der Gesetzgeber Gesetze erlassen, oder das Exekutivorgan kann Verwaltungsdekrete unter Genehmigung des Gesetzgebers erlassen. Aber neben der Standardisierung des Rechtssystems gibt es auch bedeutende Theorien der Sonderregelung. Die Theorie der Materialität ist eine wesentliche Änderung der Theorie der besonderen Macht. Das Bildungsrecht der Studierenden ist eine weltweit anerkannte Art von Menschenrechten. Für die Einschreibung in die Hochschulbildung sollte der Grundsatz des rechtlichen Vorbehalts angenommen werden. Die Verantwortung des Gesetzgebers, das Rechtsverhältnis anzupassen, sollte gewahrt werden. Darüber hinaus besteht das Recht der Hochschulen auf selbständige Verfassung. Die Lizenzvergabe hat eine Vielzahl von Vorschriften und Verordnungen erlassen, und die damit verbundenen Rechte und Pflichten werden ausführlich beschrieben.

Im deutschen Rechtssystem sind die Grundrechte die theoretische und rechtliche Grundlage für den Aufbau anderer allgemeiner Rechte. Die Entwicklung und der Schutz der Menschenrechte und der Menschenwürde durch soziale Gruppen und Bürger werden im objektiven rechtlichen Rahmen und in der ethischen Wertordnung verwirklicht, die durch die durch die Verfassung geschützten Grundrechte geschaffen werden. Unter vielen Bedingungen haben die Grundrechte nichts mit der Möglichkeit von Fakten und Regeln zu tun, und sie sind höchst abstrakt, verschwommen und unwiderstehlich. Daher gibt es keine strengen Normen und Beschränkungen des gerichtlichen Ermessens auf der Grundlage der Grundrechte. Sind die Einschränkungen der Anwendbarkeit des Gesetzes künstlich hoch, kann nur eine begrenzte Anzahl von Antragstellern die Normen erfüllen oder übertreffen. Daher kann das deutsche Grundrechtesystem, das nicht als wertneutrale Ordnung angesehen werden kann, nicht garantieren, dass alle Menschen gleichermaßen eine Hochschulausbildung erhalten können, indem sie die Zugangsqualifikationen nicht erfüllen.

Dies ist der Hauptgrund für das Qualifikationssystem der Hochschulausbildung. Auf der Grundlage der Gewährleistung von Gleichheit und Gerechtigkeit ist ein vernünftiger und angemessener Wettbewerb zulässig. Die Unvermeidlichkeit einer Verfahrensgerechtigkeit beim Erwerb der Zulassung und der Zulassung zur Hochschulbildung und die Idee, dass „der Zweck nicht durch Mittel bestimmt werden kann " sind eine und zwei Seiten. Obwohl der Zweck gut ist, können nicht alle Verfahren und Mittel wegen des guten Zwecks akzeptiert werden. Aus der Sicht des Rechtsstatus und der Grundrechte der öffentlichen juristischen Person und der staatlichen Hochschuleinrichtungen umfasst das Multiattribute zusammengesetzte Verhalten der Hochschulausbildung mehrere Arten von Rechten. Das Einschreibungsverhalten im Hochschulbereich ist mit der Verwirklichung des Rechts auf Bildung und anderer wichtiger Interessen verbunden, die vor allem durch das öffentliche Recht eingeschränkt werden. Sie beinhaltet den Erwerb von Hochschulabschlüssen als systematischer und komplexer Prozess mit mehreren Akteuren: Studenten als Studienbewerber, Colleges und Universitäten als Einschreiber und Prüfer.

Die Analyse des richtigen Attributs hinter dem Einschreibungsverhalten im Hochschulbereich kann die Bedeutung und Wertbedeutung des Rechts weiter verstehen und einen klaren Kontext für den Aufbau eines Netzes für das Einschreibungsrecht im Hochschulbereich schaffen. Die Einrichtung und Prüfung des Hochschulabschlusses ist ein Verwaltungsakt, der von dem staatlichen Bildungsorgan an Hochschulen und Universitäten übertragen wird, der vor allem die Autonomie von Hochschulen und Universitäten umfasst. Als Hauptteil der Verwaltungsfunktionen erfüllen Hochschulen und Universitäten bestimmte rechtliche Aufgaben und Pflichten. Als zentrales Element zur Realisierung der Einschreibung sollte die Einschreibung der Hochschulbildung vom Gesetzgeber oder von der Hochschule nach dem Recht übertragen werden. Der Prozess der Einschreibung und ihre Prüfung sollte durch Gesetze und Vorschriften eingeschränkt und eingeschränkt werden, und bei Bedarf sollten gerichtliche Mittel eingeführt werden. Die von Hochschulen und Universitäten vorgeschlagenen Berufsbeschränkungen oder Zulassungsbedingungen sind die Gesetze und Verordnungen und Verwaltungsakte, die im staatlichen Hochschulrecht und den einschlägigen Rechts- und Verwaltungsvorschriften festgelegt sind. Der Erwerb der Hochschulzugangsberechtigung ist ein besonderer wichtiger Rechtsakt, und die Schaffung eines Rechtsakts beruht auf einer Form der Vervollständigung als notwendige Voraussetzung. Für die Hochschulqualifikation ist die Qualifikation des Bewerbers das Schlüsselelement der Identitätsfindung der Hochschulstudenten. Die Verwirklichung des Folgeschutzes der Bildungsrechte der Studierenden im Prozess der Hochschulteilnahme ist von dem Vertrag über die Beziehung zwischen Schülern in der Schule abhängig. Die Studierenden befinden sich in einer relativ schwachen Position im Bewerbungsprozess. Nur wenn sie die von Hochschulen und Universitäten gestellten Qualifikationsanforderungen erfüllen, können sie das Recht auf freie Wahl ausüben. Zu den Grundrechten hier gehören das Recht auf Freiheit, Gleichheit, Wahl und berufliche Freiheit. Das richtige Attribut des Hochschul-Einschreibverhaltens ergibt sich aus dem rechtlichen Status der Hochschulbildung. Die Organisation mit Mitgliedscharakteristiken und entsprechenden Rechtsfähigkeiten, die von der Hochschulbildung nach dem Gesetz oder durch das gesetzlich autorisierte Staatssouveränitätsverhalten etabliert wurden, ist eine tiefgreifende Verallgemeinerung des Hochschulzwecks und der allgemeinen Wohlfahrt. Die Hochschulen genießen im Rahmen des Gesetzes Autonomie. Durch die öffentliche Verwaltung erfüllen die Hochschulen die Pflichten der Personalschulung, des kulturellen Erbes und der sozialen Dienste und übernehmen unabhängig die anvertrauten Angelegenheiten. Unter ihnen werden die Verfahren, das Ausmaß der Einschreibung und die Zuweisung von Lernfenstern von der Verwaltungsabteilung übernommen.

Als Verwaltungsakt sollte die Zulassung des Hochschulwesens gerichtliche Überprüfungs- und Verfassungsprüfungsverfahren einleiten, um die Gerechtigkeit der Ausübung öffentlicher Gewalt bei einem Rechtskonflikt zu gewährleisten. Die Rechte im Zusammenhang mit dem Hochschulstudium werden jedoch vom Abzug der Grundrechte abgeleitet. In seinem Urteil im Juli 1972 wies das Bundesverfassungsgericht darauf hin, dass nach Artikel 2 des Grundgesetzes alle Bürger mit Hochschuldiplomen das Recht haben, sich frei für nationale Bildungseinrichtungen zu entscheiden, und die Bürger haben das Recht, sich der diskriminierenden Behandlung des Staates zu widersetzen. Das Grundgesetz legt das Wertesystem des Grundrechts auf Teilnahme am nationalen Dienst fest, wenn die Berufsfreiheit als Einschränkung oder Verbot im Zusammenhang mit der Berufswahl und Ausbildung ausgedrückt wird. Das Recht auf Freiheit muss auf Fakten beruhen, und Bildung ohne praktische Ausbildungseinrichtungen ist bedeutungslos. Infolgedessen hat sich das Zugangsverfahren der Hochschulbildung auf den rechtlichen Vorbehalt der Grundrechte ausgewirkt und die Grenze zwischen absolutem und relativem Vorbehalt in rechtlicher Hinsicht berührt. Die Aufteilung des absoluten Vorbehalts und des relativen Vorbehalts hängt davon ab, ob das Verwaltungsorgan dringende und wichtige Angelegenheiten vorsieht und vor dem Gesetz Verwaltungsvorschriften trifft. In der Regel wird es nur für diejenigen Fragen, die wichtige Fragen betreffen, zu einem absoluten Vorbehalt werden. Die subjektiven Zugangsregeln für Grundrechte sind erst dann konstitutionell, wenn die wichtigsten öffentlichen Güter geschützt sind. Diese öffentlichen Güter sind zweifellos die Garantie für die Qualität der Hochschulbildung. Das entsprechende Diplom und das Recht auf mittelbare Berufsausbildung werden garantiert.

Das Verfassungssystem Deutschlands basiert auf der Theorie der Grundrechte. Das Grundrechtssystem der Bundesrepublik Deutschland umfasst vor allem zwei Arten von Bereichen: zum einen die Menschenrechte in der ganzen Welt, zum anderen die Rechte ausschließlich für deutsche Bürger, zum anderen die Ergänzung zum ersten und die Beschränkung auf besondere Umstände. Obwohl es verschiedene Länder im normativen Bereich der Grundrechte gibt, gelten die Grundrechte selbst vorrangig für den Einzelnen. Auf der Grundlage des Schutzes der Grundrechte des Einzelnen werden die Rationalität der Existenz des Staates und die Rechte des Einzelnen als Bürger des Staates anerkannt. Die legislative Logik der Grundrechte ist, dass die Rechte der Bürger größer sind als die Rechte des Staates. Der legislative Wert ist es, die Interessen der gesamten Menschheit und die Gleichheit und Freiheit des Einzelnen zu verwirklichen. Um die Menschenwürde der Menschen auf der ganzen Welt zu schützen, die nicht durch die Nationalität eingeschränkt sind, muss die Ausübung staatlicher Macht eingeschränkt werden, und die persönlichen Interessen müssen die wichtigsten sein. Als wichtiger Bereich, der die Entwicklung von Einzelpersonen und Gesellschaft betrifft, beschreiben die Grundrechte des Bundesgrundrechts Deutschlands auch den Rahmen der Hochschulbildung, der wichtige Leitprinzipien für die Entwicklung der Hochschulbildung bietet. Der Kern des Rechtsrahmens im Bereich der Hochschulausbildung sind die Grundrechte, und die allgemeinen Rechte werden unter der Strahlung der Grundrechte verwirklicht. Die gesetzlichen Normen in der Einschreibungsphase der Hochschulbildung sind das richtige inhaltliche Netzwerk, das sich aus dem Recht auf Studium, dem Recht auf Bildung, dem Recht auf Gleichheit, dem Recht auf Wahl und dem Recht auf Freiheit zusammensetzt.

Das Recht auf Lernfreiheit beruht unter anderem auf der akademischen Freiheit, und das Recht auf Wahlfreiheit ist die rechtliche Erweiterung des Rechts auf Freiheit. Sowohl das Recht auf Lernfreiheit als auch das Recht auf Wahlfreiheit regeln das Bestätigungsverhalten von Studienbewerbern für Schulen und Majors bei der Aufnahme in die Hochschulbildung. Ersteres konzentriert sich auf das Recht auf Freiheit, während letzteres auf das Wahlrecht fokussiert. Das Wahlrecht auf dem Gebiet der Bildung ist die Erweiterung des Rechts auf Bildung. Auf der Grundlage von Bildungsmöglichkeiten können wir Schulen und Abteilungen wählen, die unseren eigenen Merkmalen und Entwicklungsbedürfnissen entsprechen. Im Hochschuleinschreibeverhalten haben sowohl Studierende als auch Colleges das Wahlrecht ausgeübt. Wenn Studierende eine Einschreibqualifikation beantragen, treffen sie Entscheidungen, die ihren eigenen Vorteilen entsprechen. Colleges und Universitäten haben Entscheidungen getroffen, wenn sie eine Einschreibqualifikation beantragen und ihre Lernpositionen zuweisen. Unter den bestehenden Bedingungen vereinfacht das Wahlrecht den festgelegten Umfang und die Grenzen und baut vernünftigerweise das Einschreibensystem der Hochschulbildung aus. Das Wahlrecht und das Recht auf Freiheit sind miteinander verknüpft, das Wahlrecht ist durch das Recht auf Freiheit gekennzeichnet, während das Recht auf Freiheit durch das Wahlrecht externalisiert wird, das zusammen das Recht auf freie Wahl darstellt. Es kann gesagt werden, dass das Recht auf Bildung als ein spezifisches Recht auf Bildung auf dem Recht auf Lernfreiheit beruht. Es ist im Wesentlichen eine Kombination aus dem Recht auf Lernen und dem Recht auf freie Wahl der Schüler. Es ist der gegenseitige Einfluss und die Ausgewogenheit der beiden Rechte. Es ist eine Übertragung des Rechts auf Bildung des Staates und des Rechts auf Bildung der Eltern. Sie schützen die Rechte der Studierenden im Bereich der Hochschuleingabe im Rahmen der Grundrechte.

Das Recht auf Hochschulbildung ist durch die Verfassung geschützt, aber aufgrund der Zulassungsvoraussetzungen sind das Recht auf gleichberechtigte und freie Wahl des Hochschulwesens in gewissem Maße eingeschränkt. Die Hochschulen und Universitäten haben das Recht, die Aufnahmequalifikationen der Bewerber unter der Genehmigung der Bildungsverwaltung zu formulieren und zu überprüfen, die eine einseitige Wahl mit den Hochschulen und Universitäten als Hauptorgan darstellt. Nachdem die Bewerber die Qualifikationsbedingungen erfüllen und die Aufnahmequalifikationen erhalten haben, ist die Realisierung des Aufnahmeverhältnisses der Hochschulbildung zu einem zweiseitigen Auswahlverfahren zwischen Hochschulen und Universitäten und Bewerbern geworden. Der Wechsel von der One-Way-Wahl zur Zwei-Wege-Wahl ist im Wesentlichen die Zusammenarbeit und das Gleichgewicht der Richtig (Leistung) unter den Teilnehmern des Hochschulstudiums Verhalten. Die Bewerberinnen und Bewerber, die die Aufnahmequalifikation erfüllen, haben das Recht, die Hochschulausbildung gleichberechtigt zu akzeptieren und zu wählen. Der Aufnahmeprozess der Bewerber verkörpert den Konflikt und die Zusammenarbeit zwischen dem Gleichberechtigung und dem Freiheitsrecht.

Der Prozess der Einschreibung ist die gegenseitige Wahl zwischen Studierenden und Universitäten. In den oben genannten Fällen wird das richtige Attribut des Stu dierendenqualifikationsgesetzes grundsätzlich gekämmt. Das Zulassungsrecht für Hochschulabsolventen ist das Hochschul- und Hochschulrecht, das die vertragliche Beziehung mit akademischen Bewerbern auf der Grundlage der Autonomie der Einschreibung realisiert hat. Die Hochschullizenz umfasst mehrere Schritte, wie z.B. die Bestimmung der beschränkten Studiengänge, die Zuteilung der Studienplätze und spezifische Verteilungsverfahren. Das Recht der Hochschuleingabe ist das Differenzierungsrecht der Hochschulautonomie, das sich auf die Qualität der Studierenden und die Entwicklung der Universität in der Zukunft bezieht. Die Prämisse des Verhältnisses zwischen Hochschulen und Studenten ist der Aufbau der Aufnahmebeziehung.Wenn Personen, die die Universität betreten wollen, sich an die Universität wenden, ob die Universität alle Studierenden gemäß der Liste aufnehmen muss oder eine Screening-Prüfung durchführen muss, so ist der Aufbau des Screening-Standards, dem Prinzip zu folgen, um der Hochschulautonomie und der Qualität der Studierenden Rechnung zu tragen, neue Anforderungen an die Zulassung zur Hochschulbildung gestellt. Der logische Ausgangspunkt der Autonomie von Hochschulen und Universitäten ist die Autonomie von Hochschulen und Universitäten. Die Autonomie von Hochschulen und Universitäten bedeutet nicht blindlings das administrative Verhalten, das von der Kultivierung der nationalen Eliten beherrscht wird, sondern ausgehend von ihrer inneren Struktur und die Wahrnehmung der Grundrechte als ihre eigene Pflicht.

Es gibt reiche Formen und Inhalte der Hochschulautonomie, einschließlich verschiedener Autonomierechte neben der Einschreibungsfreiheit, der Personalautonomie, der finanziellen Autonomie und der Autonomie der wissenschaftlichen Forschung. Unter ihnen ist die Hochschulautonomie ein wichtiger Bestandteil der Hochschulautonomie, und ihre grundlegende Konnotation kommt von der akademischen Freiheit im Grundrecht. Der Zweck der Hochschulbildung bestimmt, dass die akademische Freiheit zum Wertkern der Hochschulen wird. Als institutionelle Garantie der akademischen Freiheit wirkt sich die Hochschulautonomie direkt auf die tatsächliche Wirkung der Umsetzung der akademischen Freiheit aus. Darüber hinaus verleiht die Identität der juristischen Person der Gruppe des öffentlichen Rechts der Hochschulen und Universitäten natürlich die Autonomie der Hochschulen und Universitäten. Im Rahmen der Autonomie verfügen Hochschulen und Universitäten über ein hohes Maß an Autonomie. Sie können ihre eigenen Aktivitäten und Verhaltenskodizes durch autonome Statuten und andere Wege zur Gewährleistung der Umsetzung der Rechte der Organisation und ihrer internen Mitglieder festlegen. Die Autonomie-Verfassung ist die Grundlage der Autonomie der deutschen Hochschuleinrichtungen, aber der Prozess der Erarbeitung und Verbreitung der Autonomie-Verfassung sowie die Legitimität und Legitimität ihrer Inhalte beeinflussen die Wirksamkeit der Autonomie.

Die Mitgliedschaft ist ein wichtiges Merkmal einer Gruppenjuristischen Person, das zeigt, dass eine Organisation die individuelle Mitgliedschaft, die Rechte und Pflichten ihrer Mitglieder sowie die interne Gliederung und das Verhältnis zwischen Rechten und Verantwortlichkeiten klar definieren und anerkennen muss. Gleichzeitig spielt eine Gruppenjuristische Person die Rolle, die Interessen und Verhaltensweisen ihrer Mitglieder zu koordinieren und zu regeln.

Die Hochschulen haben den rechtlichen Status einer öffentlichen juristischen Person, sie sind aber keine angeschlossenen Abteilungen oder Verwaltungsabteilungen. Sie sind rechtlich unabhängig. Daher umfasst die Autonomie der Hochschulen sowohl die formale Unabhängigkeit als auch die inhaltliche Unabhängigkeit. Innerhalb der gesetzlich zulässigen Autonomie üben sie die Autonomie in hohem Maße unabhängig und nicht nach den Anordnungen anderer aus. Die Autonomie der Institutionen des höheren Lernens und das Recht auf Freiheit des Lernens sind miteinander verbunden. Die akademische Freiheit ist die Quelle der Autonomie, und Autonomie ist das rechtliche und institutionelle Mittel, um die akademische Freiheit zu schützen. Durch die subjektiven und objektiven Funktionen der Autonomie und der Anwendung verschiedener rechtlicher Mittel wird der richtige Schutzrahmen der Hochschulautonomie einschließlich akademischer Freiheit geschaffen.

Im Bereich der Hochschuleingabe, die typischen zwei Arten der Autonomie, das Recht auf unabhängige Einschreibung von Hochschulen und Universitäten ist eine Art öffentliches Recht Verhalten, und das Recht auf unabhängige Wahl der Bewerber ist ein individuelles Verhalten. In der Universitätsautonomie Deutschlands werden die garantierten Typen grob in „Autonomie " und „autonome Verwaltung " unterteilt. Um die akademische Freiheit besser zu verwirklichen und die Qualität der Bildung zu gewährleisten, setzen Hochschulen und Universitäten die Autonomie der Einschreibung um. Im Sinne der Rechtsprechung bezieht sich Autonomie auf die Übertragung von Verwaltungsaufgaben von Verwaltungsorganen auf juristische und unabhängige Organisationen (juristische Personen). Als Teil der öffentlichen Verwaltung ist die Hochschulautonomie eine Art kulturelle Autonomie. Das Ziel der Autonomie der Hochschulen und Universitäten besteht darin, die Autonomie der Hochschulen und Universitäten im Rahmen des praktischen Rechts und nicht außerhalb der nationalen Rechtsordnung zu schaffen. Die so genannte Autonomie bezieht sich auf die Anerkennung akademischer Angelegenheiten unter ihrem Schutz, und die Ansicht, dass die akademische Freiheit die Grenze der Autonomie ist, ohne die Einschränkung des rechtlichen Vorbehalts. Im Bereich der autonomen Verwaltung besteht jedoch keine Möglichkeit der vollen Autonomie, da sie zu den Angelegenheiten gehört, die mit dem Schutz der akademischen Freiheit nichts zu tun haben, sollte sie durch das allgemeine Recht eingeschränkt werden. Die Garantie der autonomen Verwaltung wird deshalb bekräftigt, weil sie eine Voraussetzung für die Unabhängigkeit der

Universität in Forschung und Lehre sein kann, damit die Universität nicht nur die formale Unabhängigkeit, sondern auch die inhaltliche administrative Unabhängigkeit besitzt, die der Universität hilft, nicht zu einer „Tochtergesellschaft der staatlichen Verwaltungsabteilung " zu werden, sondern auch die uneingeschränkte Unabhängigkeit der Forschung und Lehre im Rahmen autonomer Rechte besitzt. Die Grundrechte sehen vor, dass alle nationalen Bildungseinrichtungen vom Staat überwacht werden, und die Autonomie der Hochschulen und Universitäten wird durch die nationalen und lokalen Gesetze und Verordnungen überwacht.

Das Einschreibungsrecht der Hochschulbildung regelt vor allem das öffentliche Machtverhalten der Lernstandortverteilung. Dieses Verhalten wird von Institutionen des Hochschulwesens und der U-Bahn-Bildungseinrichtungen unter der Beauftragung von Gesetzen und Vorschriften durchgeführt. Da die Einschreibung des Hochschulwesens mit den Grundrechten zusammenhängt, sollte der Grundsatz des rechtlichen Vorbehalts auf die Änderung des Aufnahmerechts angewandt werden. ZVS und die Stiftung sind speziell für die Zuteilung der Einschreibquoten der Hochschulbildung verantwortlich. In der Tat ist dieses System, das Einschreibrecht der Universität in hohem Maße der Drittorganisation zuzuordnen und zu nutzen, was die Begeisterung der unabhängigen Leitung der Universität und die Beherrschung der Einschreibqualität der Studierenden beeinflusst. Sie verfügen über eine Autonomie im Rahmen des Rechtsrahmens, und der Staat übt die rechtliche Aufsicht über Hochschulen und Universitäten aus, was eine Art Autonomie ist, die auf dem Recht beruht. Die Autonomie der Universität ist auch mit dem Grundsatz des rechtlichen Vorbehalts zufrieden, d. h. Verwaltungsorgane oder Institutionen haben nicht das Recht, staatliche Organe zu schaffen und zu bilden, und Verwaltungsorgane können ihre Autonomie nur unter der Voraussetzung der ausdrücklichen Genehmigung des Gesetzes ausüben.

3.2 Richtiger Inhalt des Hochschulverhaltens

Erstens, das Recht auf Persönlichkeit. Zu Beginn des Grundgesetzes betonte der Deutsche die Bedeutung der Menschenwürde für das gesamte System der Grundrechte und des nationalen Geistes in der ersten prominenten Position. Die Menschenwürde hat die höchste Universalität, und die Verwirklichung der Achtung der Menschenwürde ist das Fundament aller Systeme in der Welt, die ewig sind und nicht verliehen werden können. Aber was ist das logische Verhältnis zwischen Menschenwürde und Grundrechten? Die Menschenwürde ist die Externalisierung der Menschenrechte, die erste Priorität der Grundrechte und der spirituelle Wert und die Visualisierung der Grundrechte. Wenn die Menschenrechte als grundlegende Elemente der Grundrechte in das Grundgesetz aufgenommen werden, bedeutet das, dass das deutsche Volk die unverletzlichen und unveräußerlichen Menschenrechte anerkennt, die auch die Grundlage aller menschlichen Gesellschaft und Frieden und Gerechtigkeit sind. Das Verständnis der Menschenwürde in deutschen akademischen Kreisen ist vor allem aus der Perspektive seiner Konnotation und des Geistes der Grundrechte. Die Menschenwürde ist der Grund, warum Menschen menschliche Werte sind, und auch der qualitative Wandel der Grundrechte vom juristischen Ausdruck zum geistigen Bereich. Menschenwürde ist eine Art von rechten Typ mit einem hohen Niveau-Recht-Attribut. Keine anderen externen Faktoren, einschließlich Verfassungsänderung, können die Stellung der Macht gewährleisten, die durch das Recht der grundlegenden Macht bestimmt wird, es ist ein wichtiges Mittel, um den Missbrauch staatlicher Macht und staatlicher Verwaltungsinterventionen einzuschränken, und ist das Schutzrecht der Individuen gegen den Staat.

Die Menschenwürde ist das Wesen der Grundrechte. Menschenrechte sind nicht die Rechte der Bürger, sondern die Menschenrechte, nicht die Rechte ihrer Nationalität, sondern die Rechte der Menschen. Jeder hat das Recht auf Leben und Körper, nicht von der Außenwelt verletzt zu werden, und die Freiheit des Einzelnen darf von der Außenwelt nicht missbräuchlich verletzt werden. Nach der Theorie der „Verpflichtung zum Schutz der Grundrechte " in Deutschland schließen die Grundrechte nicht nur die Freiheit der staatlichen Einmischung aus, sondern schließen auch die vom Staat geschützten Rechte ein. Das heißt, der Staat hat sowohl die Pflicht, die Grundrechte zu schützen als auch die Pflicht, die Verletzung der Grundrechte zu verbieten. Aber welche Rechtswirkung hat das Grundrecht privat?

Obwohl das Persönlichkeitsrecht der Kern und die Grundlage der Grundrechte ist, sollte die Verwirklichung der Persönlichkeitsentwicklung auf der Einhaltung der verfassungsmäßigen Ordnung und der Grundrechte beruhen. Einzelpersonen sollten nicht willkürlich den Anwendungsbereich und die Bedingungen für die Anwendung der Rechte auf der Grundlage der Grundrechte erweitern. Die Grundrechte beschreiben nicht alle Bereiche des gesellschaftlichen Lebens im Detail, und es gibt keine detaillierten Vorschriften über das Verhalten und die Arbeit der Menschen, um das Auftauchen des nationalen Absolutismus und der autokratischen Monarchie zu vermeiden. Es gibt spezielle Gesetze und Verordnungen und Verwaltungsdekrete in allen Bereichen des nationalen Lebens, und das Grundrecht ist nur der objektive Wertrahmen der staatlichen Angelegenheiten. Als ausdrückliches Attribut des Wertes der Verfassung verbinden Grundrechte die Verfassung und das allgemeine Department-Recht, so dass alle Teilnehmer des sozialen Lebens im Ordnungsnetz der Grundrechte sind, die Wertgrundlage des nationalen Systems schaffen und das gesellschaftliche Leben in der von der Rechtsordnung und der Staatsmacht ausgehenden Spannung leben lassen. In einem solchen entspannten Netzwerk fühlen sich die Menschen nicht repressiv, sondern genießen ihre Rechte und erfüllen ihre Pflichten frei und gleich in der objektiven Wertordnung, die in den Grundrechten enthalten ist.

Im Bereich des deutschen Bildungsrechts gibt es einen richtigen Rahmen auf der Grundlage des Grundrechts auf Bildung. Das Recht auf Bildung oder das Recht auf Bildung im deutschen Grundgesetz ist nicht relevant. Das Grundrecht auf Bildung beschränkt sich nur auf die akademische Struktur des Forschungsbereiches und ist nicht zu einem in den geltenden Rechtsvorschriften akzeptierten vollständigen rechtlichen Konzept geworden. Das Recht auf Bildung ist in der Tat kein Grundrecht, sondern in vielen im Grundgesetz verankerten Grundrechten. Es ist ein zusammengesetztes Recht, das aus vielen Grundrechten besteht. Das Recht auf Bildung erstreckt sich insbesondere auf das Recht auf Persönlichkeit. Internationale Gesetze und politische Dokumente, einschließlich der Allgemeinen Erklärung der Menschenrechte und des Internationalen Paktes über wirtschaftliche, soziale und kulturelle Rechte, anerkennen das Recht auf Bildung, und in den herkömmlichen Werten der Menschen hat das Recht auf Bildung den gleichen rechtlichen Status wie das Recht auf Achtung der menschlichen Natur, mit tatsächlicher rechtsverbindlicher Kraft. In der eigentlichen Rechtspraxis gilt das Recht auf Bildung als eine Art tatsächliches Grundrecht, nämlich das übergeordnete Recht auf Lernfreiheit und das Recht auf Bildungswahl. Das Recht auf Bildung ist nicht nur ein Grundrecht, sondern auch ein allgemeines Recht auf einem besonderen Gebiet.

Im Völkerrecht wird das Recht auf Bildung zum ersten Mal in der im Jahr 1948 herausgegebenen Allgemeinen Erklärung der Menschenrechte als Menschenrecht angesehen, die besagt, dass der Zweck der Erziehung die Entwicklung und Achtung der menschlichen Persönlichkeit und Freiheit ist. Jeder hat das Recht und die Pflicht, eine gerechte und unparteiische Ausbildung zu erhalten. Darüber hinaus bieten der Internationale Pakt über wirtschaftliche, soziale und kulturelle Rechte, der Konvent über die Rechte des Kindes und die Charta der Rechte der Europäischen Union alle schriftliche Erklärungen und rechtliche Garantien für den Menschenrechtscharakter des Rechts auf Bildung.

Da das Recht auf Bildung ein zusammengesetztes Recht ist, das aus mehreren Grundrechten besteht, beruht seine Legitimität auf den einschlägigen Bestimmungen des Grundrechts und des Völkerrechts. Die Menschenrechte sind ein Ganzes. Solange sie zur Wahrung der Menschenwürde notwendig sind und in von der Regierung ratifizierten Menschenrechtsübereinkommen festgelegt sind, sollten sie zu „durch die Verfassung garantierten Rechten " werden. Das Grundprinzip der Menschenwürde verbietet es, einer Person die Möglichkeit zur Bildung zu entziehen, und der Grundsatz der Gleichheit in der Verfassung sieht vor, dass niemand diskriminiert werden kann, wenn sie aus irgendeinem Grund unterrichtet wird. Der objektive Charakter der Grundrechte bildet die Grundlage für die konstitutionelle Entwicklung verschiedener Abteilungen in Deutschland. Im deutschen Grundgesetz gibt es 18- und 1-gültige Voraussetzungen für die Grundrechte. Es gibt keinen direkten Bezug auf das Grundrecht auf Bildung im Grundgesetz Deutschlands, aber das Grundgesetz gibt jedem die Möglichkeit, sich zu entwickeln. Das Grundrecht auf Bildung ist eine Art zusammengesetztes Recht. Das Grundrecht auf Bildung umfasst: das allgemeine Persönlichkeitsrecht der Schüler, das Erziehungsrecht der Eltern, die Lehre der Lehrer, die Freiheit der Forschung, die Einrichtung von Privatschulen, die Freiheit der beruflichen Bildung und das Lernen als Systemgarantie im Bildungsbereich, Freiheit der Operation. Diese spezifischen Grundrechte erstrecken sich auf die Regelung der allgemeinen Bildungsrechte der Rechtsbeziehungen in verschiedenen Bereichen.

Das Grundrecht auf Bildung trägt die eigentliche Funktion des Grundrechts und baut aus der Perspektive seiner richtigen Zusammensetzung einen vollständigen Betriebsmechanismus aus. Die Wertorientierung des Rechts auf Bildung liegt in der Förderung der Freiheit der Persönlichkeit durch Bildungsaktivitäten. Um dieses Ziel zu erreichen, muss die Justiz die maximale Befriedigung der Bürgerrechte im Rahmen des bestehenden Systems gewährleisten. Darüber hinaus sollten die Gesetzgeber die praktische Anwendbarkeit von Bildungsgesetzen und -systemen klar erkennen. Wenn nötig, sollten sie mit der Entwicklung des Bildungswesens die alten Bildungsgesetze abschaffen und neue Gesetze und Verordnungen erlassen und umsetzen, um sich an die soziale Entwicklung anzupassen. Insbesondere hat das deutsche Recht solche institutionellen Maßnahmen zum Schutz des Grundrechts der Bildung als staatliche Aufsicht über die Schulbildung ergriffen. Um die Vielfalt und Offenheit der Bildung zu gewährleisten, hat es den Entwicklungsraum der Privatschulen gegeben. Um die Universität wirklich zum Brutkasten der ideologischen Freiheit und des menschlichen Fortschritts zu machen, hat es eine Reihe institutioneller Garantien für die Hochschulautonomie und die akademische Freiheit ergriffen. Die Rechte sind die Grundrechte der Bürger, die durch die Verfassung garantiert werden.

Die subjektiven und richtigen Attribute des Grundrechts auf Bildung prägen gemeinsam die allgemeinen Grundsätze und Anforderungen des Grundgesetzes im Bildungsbereich. Unter ihnen ist das subjektive Recht die Bestimmung des Staates sein sollte, und das objektive rechte Attribut ist die Bereitstellung der spezifischen Verpflichtung des Staates Gas „basic law ", vor allem das grundlegende Recht, das den Zustand in allen Bereichen schaffen sollte, und „hängt " diese Reihe von Bestimmungen über die Verhaltensfakten in allen Bereichen der Gesellschaft sein sollte. Die eigentliche Verpflichtung der gesetzgebenden, gerichtlichen und administrativen Institutionen besteht darin, die Lücke zwischen dem Grundrecht und der sozialen Realität durch die oben genannten drei Mittel auf der Grundlage verschiedener Arten von sozialen

Verhaltensweisen zu schließen, um eine gute soziale Ordnung zu erhalten, die den Anforderungen des Grundrechts entspricht. Die Übertragung der oben genannten Rechtsregeln wird von Gelehrten als Verfassungsänderung bezeichnet.

Zweitens, die Freiheit der Besetzung. Artikel 12 des Grundgesetzes Deutschlands beschreibt die Berufsfreiheit im Einzelnen. Deutschland hat das Recht, sein eigenes Unternehmen, seinen Beruf, seinen Arbeitsplatz und seinen Ausbildungsort zu wählen. Die berufliche Freiheit ist ein wichtiges Grundrecht, das programmatische Bestimmungen für die Grundrechte im Berufsfeld enthält. Da es eine logische und praktische Verbindung zwischen Beruf und Bildungsbereich gibt, ist die berufliche Freiheit auch ein grundlegendes Bildungsrecht, das die Ursache der Hochschulbildung regelt.

Die berufliche Freiheit stellt strenge verfassungsrechtliche Anforderungen an die Einführung und Durchführung von Verfahren zur Bewertung der Hochschulabschlüsse. Das durch das Gesetz der Hochschulausbildung geregelte Verhalten des Hochschulzugangs steht in engem Zusammenhang mit den Grundrechten, insbesondere der im Bundesgrundrecht vorgeschlagenen Berufswahl, sowie der in der EU-Verfassung vorgeschlagenen Freiheit der Berufswahl und der Wahl des Bildungsorts. Der Erwerb der Berufswahl erfolgt auf der Grundlage der Tatsache, dass sie die für das Lernen erforderlichen Qualifikationen nachweisen können. Der Zugang zu Hochschuleinrichtungen ist die logische Prämisse und Grundlage der beruflichen freien Wahl, während der Erwerb eines Hochschuldiploms die Rechtsgrundlage und die sachliche Grundlage für eine bestimmte berufliche Auswahl und Ausbildung ist. Die Festlegung der Qualifikationsvoraussetzung für den Erlass eines Hochschuldiploms ist eine Art Verhalten, das die Zulassung für zukünftige Berufsziele einschränkt. Daher können wir sagen, dass es aus der Perspektive des beruflichen Lernens und der Berufswahl logische Verbindung zwischen der Zulassung und der Bereitschaft zur Arbeit in Colleges und Universitäten gibt. Das repräsentativste Beispiel für diese Verbindung ist der nationale Prüfungsschwerpunkt. Ein wichtiges Merkmal der deutschen Hochschulbildung ist, dass sie die nationalen Prüfungsergebnisse als Graduationsstandard nimmt. Zum Beispiel bei der Beschäftigung von Lehrern, Ärzten,

Rechtsanwälten, Tierärzten und anderen Berufen hat das Gesetz die Anforderungen der beruflichen Prüfung akademische Ausbildung auferlegt. Nur in der Stufe der Hochschulbildung, wenn Sie die oben genannten Kurse nehmen und ausreichend Kredite absolvieren, haben Sie die Möglichkeit, die Praxisqualifikation zu erhalten. Seit dem Fall des „Pharmazeutischen Urteils " des Bundesverfassungsgerichts von Deutschland im Jahr 1952 hat sich der deutsche Rechtskreis allmählich der „Dreistufigen Theorie " zugewandt. Die grundlegenden Prüfungsnormen im Zusammenhang mit der Beschäftigung, insbesondere der Gestaltung des Prüfungsverfahrens, die sich vom Recht auf Berufsfreiheit erstreckt, müssen dem Geist der Verfassung entsprechen, um das Grundrecht der beruflichen Freiheit zu schützen, was sie zu einem wichtigen Fall im Verfassungsbereich macht. Diese Art der Prüfung bezieht sich auf den Erwerb von beruflicher Qualifikation und Beschäftigung, während das Abitur- und Befähigungsüberprüfungsverfahren als besondere Prüfungsform nicht mit der Berufstätigkeit in Zusammenhang steht, sondern indirekt auf die zukünftige Berufswahl und Laufbahnorientierung durch die Wahl des Hauptfeldes wirkt. Das rechte Attribut für die Zulassung zur nationalen Prüfungsspezialität ist das selbstformende Recht des Einzelnen, das Berufswahlrecht und die damit verbundenen Nebenrechte für den Eigenanbau der Persönlichkeit. Das Prüfungsverhalten beschränkt sich auf die Bewerber mit entsprechenden Qualifikationen, und kein Bürger hat das Recht, die Prüfung durchzuführen. Das Prüfungsrecht umfasst insbesondere die Genehmigung der Prüfung, das Prüfungsverfahren und andere relevante Fragen. Bei der Gestaltung der Arten, Qualifikationen, Fächer und Prüfungsverfahren hat nicht jeder das Recht auf unbegrenzte Zeit, da die Prüfung nicht das Grundrecht auf universellen Wert hat und die Anforderungen an akademische Qualifikationen nicht berücksichtigt. Daher müssen die Prüfungsbehörden je nach Art und Beschaffenheit der Prüfung angemessene Einschränkungen für verschiedene Arten von Prüfern treffen. Es ist die konstitutionelle Pflicht des Staates, ein gerechtes und vernünftiges Prüfungssystem zu schaffen und aufrechtzuerhalten sowie die beruflichen Rechte der Menschen zu schützen. Nachdem die Prüfer die Ausbildung im Zusammenhang mit der Aufnahmequalifikation abgeschlossen haben, können sie die Qualifikation der Beschäftigungsfähigkeit durch die Prüfung erhalten, die mit dem Grundrecht der Menschen auf Berufsfreiheit verbunden ist. Wenn die Bürger rechtliche und wirksame Prüfungsvoraussetzungen haben, haben sie das Recht, an der Prüfung teilzunehmen. Daher können wir sagen, dass die Garantie für die Hochschulausbildung der Schutz des Rechts auf Nachprüfung ist.

Die Richtig (Leistung) und Pflichten im Bildungsbereich beruhen auf den rechtlichen Rahmenbedingungen in Deutschland auf den Bestimmungen der im Bildungsbereich verankerten Grundrechte. Nach der Aufteilung der Struktur der Grundrechte werden die Grundrechte in zwei Kategorien unterteilt: Freiheitsrechte und Gleichberechtigung. Der Anwendungsbereich des Rechts auf Freiheit ist umfangreicher, und das Recht auf Gleichheit ist der Grundsatz des gleichen Genusses des Rechts auf Freiheit. Im Hinblick auf die Entwicklung der beruflichen Freiheit ist es das Recht auf berufliche Freiheit, d.h. das zusammengesetzte Recht, das sich aus dem Wahlrecht und dem Recht auf Freiheit in den jeweiligen Berufsfeldern zusammensetzt. Unter ihnen ist das Recht auf Freiheit ein wichtiges Merkmal und Kernelement des Wahlrechts, und das Wahlrecht ist das erweiterte Recht auf Freiheit. Das Recht auf freie Wahl im Bereich der Hochschulausbildung wirkt sich indirekt auf die zukünftige Berufswahl aus. Die freie Studienwahl schränkt die berufliche Wahl im Wesentlichen ein, aber aufgrund der vielfältigen Entwicklung der Talentausbildung und der Entwicklung der beruflichen Bildung ist der Eintritt in Colleges und Universitäten nicht der einzige Weg, um den Wert ihres Lebens zu erkennen, so dass diese beiden Rechte nicht das Verhältnis von Subjekt- und Nebenrechten bilden, und die berufliche Freiheit kann unabhängig existieren, ohne dem Recht der beruflichen Wahl untergeordnet zu sein. Das in Artikel 12 genannte Recht auf berufliche Freiheit ist jedoch eine Art zusammengesetztes Recht, das die Verwirklichung der Menschenwürde beinhaltet. Jeder Bürger kann seinen persönlichen und sozialen Wert durch berufliche Tätigkeiten erkennen. Wenn die berufliche Freiheit im Bereich der Hochschulausbildung eingeschränkt ist, wird nach der Theorie des Verfassungstransfers die Wahl der beruflichen Freiheit in das Recht der Einschreibung umgewandelt.

Das Recht auf freie Einschreibung ist eine Art Autonomie, eine Art von Verhalten, das durch freien Willen bestimmt wird. Es darf nicht so weit wie möglich von der öffentlichen Macht verletzt werden. Es hat die subjektiven Eigenschaften des Rechts, sich der öffentlichen Macht des Staates zu widersetzen und sich nicht dadurch einzumischen. Das Recht auf freie Zulassung hat subjektive und objektive Lizenzelemente, unter denen sich die subjektiven Elemente auf die Qualifikationen beziehen, die für die Zulassung zur Hochschulbildung erforderlich sind, die in Wissen und Fähigkeiten verkörpert sind. Die subjektiven Elemente sind die Schwelle für die Zulassung zur Hochschulbildung. Nur mit entsprechenden Bedingungen und Qualifikationen kann die Garantie für spätere Rechte realisiert werden. Die objektiven Elemente sind makroskopisch und spezifisch, die in erster Linie mit der Situation der sozialen Entwicklung und dem Bildungskonzept der Menschen zusammenhängen. Dies gilt auch für alle Antragsteller. Es ist eine Voraussetzung für die Wirkung des akademischen Abschlusses in der Zukunft, und es ist auch die Bedeutung der Einschränkung der Aufnahmequalifikation der Studierenden, um die minimale Belastung und Verletzung der Zuwiderhandlung in der späteren Phase zu schaffen.

Drittens, das Recht auf Freiheit. Das Freiheitsrecht ist ein Grundrecht und ein allgemeines Recht. Es kann mit anderen Rechten kombiniert werden, ein zusammengesetztes Recht zu bilden, das das rechte Attribut jedes richtigen Mitglieds hat. Eine wichtige Leistung der deutschen Hochschulausbildung besteht darin, dass jeder Qualifikationsbewerber eine Schule frei wählen und das Ministerium entsprechend seinen eigenen Interessen anpassen und übertragen kann. Die Freiheit der Aufnahme in die Hochschulbildung steht auch im Recht der Bewerber, sich frei für Hochschuleinrichtungen und Majors zu entscheiden, das aus den Grundrechten des deutschen Grundgesetzes und den Bestimmungen der staatlichen Verfassung und des Hochschulrechts über Lern- und Gleichstellungsfreiheit hervorgeht. Das Symbol des Freiheitsrechts ist es, einen bestimmten Akt nach dem freien Willen der einzelnen Person und ihren eigenen Interessen und Fähigkeiten durchzuführen. Dieses rechte Attribut zeigt die Legitimität und Rationalität des freien privaten Raums jeder Person an. Das Recht auf Freiheit ist ein absolutes Grundrecht, das nicht vom Willen des Staates übertragen wird, sondern unter besonderen Umständen schützt der Staat das

Recht auf Freiheit in einem vernünftigen Rahmen. Anders als die sozialen Rechte muss das Recht auf Freiheit nicht durch nationale Gesetze oder Ministeriumsgesetze bestätigt werden, und der Staat ergreift keine positiven Maßnahmen zum Recht auf Freiheit, was als ein negatives Recht bezeichnet werden kann. Das Recht auf Hochschulbildung beruht auf dem Recht auf Freiheit, und das Kernkonzept ist die Freiheit der Bildung. Das Recht auf Freiheit im Bereich der Hochschulausbildung, vor allem nach dem Erwerb der Studienqualifikation, bezieht sich auf das Recht auf freie Wahl für Schulen und Majors sowie auf das Recht auf Freiheit für nachfolgendes Lernen.

Kapitel 14 des Hochschulstandards befasst sich mit dem Recht auf Freiheit im Bereich der Hochschulbildung, einschließlich des Rechts auf Freiheit in Forschung, Lehre und Lernen. Diese Dimensionen der Rechte werden kollektiv als akademische Freiheit oder wissenschaftliche Freiheit bezeichnet, die das Konzept der Freiheit und Verantwortung in der Universität, den Lehrern, Studenten und der Schulleitung beinhaltet. In vielen Ländern und Regionen ist die akademische Freiheit durch die Verfassung und die Gesetze geschützt. Die Freiheit von Kunst, Wissenschaft, Forschung und Lehre ist in Kapitel 5, Artikel 3 des Grundgesetzes geregelt. Die Studienfreiheit bedeutet, dass die Studierenden das Recht haben, im Rahmen von Studium und Prüfung frei Kurse und Prüfungen zu wählen. Diese Freiheit hängt vom Lernfeld der Studierenden ab und bietet bestimmten Raum für die Umsetzung der Ausbildung der Studierenden. Die akademische Freiheit umfasst drei Dimensionen: Forschungsfreiheit, Lehrfreiheit und Lernfreiheit. Die Freiheit der Forschung bezieht sich auf das Recht der wissenschaftlichen Arbeiter, wissenschaftliche Probleme zu studieren und die Wahrheit des Wissens zu erhalten, ohne von der Außenwelt beeinflusst zu werden. die Freiheit des Unterrichts steht im Zusammenhang mit der Freiheit der Forschung, die eine Art Austausch wissenschaftlicher Kenntnisse ist. Die Freiheit des Unterrichts gibt den Lehrern das Recht, Kurse und Unterricht zu organisieren. Der Zweck der Lernfreiheit ist es, Raum für die Entwicklung der akademischen Unabhängigkeit zu schaffen. Diese drei Dimensionen sind miteinander verflochten und bilden ein auf akademischer Freiheit basierendes Rechterahmennetzwerk. Die akademische Freiheit liegt in der Verantwortung des Staates. Aufgabe des Staates ist es, geeignete

Voraussetzungen für die Forschung und Lehre von Hochschulen und Universitäten zu schaffen. Hochschulen und Universitäten sind Garanten für wissenschaftliche Freiheit. Im gesetzlich zulässigen Rahmen sollen die Hochschulen dafür sorgen, dass Lehrer und Studenten selbständig Forschung und Lehre durchführen können. Die Verfassung und die Organisationsrichtlinien von Hochschulen und Universitäten sollten die akademische Freiheit nicht verletzen. Für Studienbewerber ist die akademische Freiheit hauptsächlich in der Lernfreiheit verankert. Die Freiheit des Lernens ist auch die Verkörperung des Rechts auf Lernen. Das Recht auf Lernen ist ein grundlegendes Menschenrecht im Völkerrecht. Es wird auf der Grundlage des Rechts auf Bildung entwickelt. Es umfasst verschiedene Rechte, die es Individuen ermöglichen, frei zu lernen, d.h. Freiheit des Lernens, d.h. das Recht, zu lesen, zu schreiben, zu hinterfragen, zu analysieren, zu stellen, zu forschen und zu interpretieren. Das Recht auf Freiheit und die Rechtsgrundlage für das Recht auf Lernfreiheit sind ein multirechter Rahmen, das Recht des deutschen Volkes, seine Persönlichkeit im Bildungs- oder Ausbildungsprozess frei zu entwickeln, wird durch drei große Kategorien von Rechten vertreten: das Grundrecht auf Bildung, das gleiche Recht auf Stellung des Grundrechts auf Bildung und das Grundrecht auf Basisfreiheit. Die spezifische Konnotation der Garantie der Lernfreiheit besteht darin, die akademische Selbstverwirklichung zu erreichen. Im Stadium der Einschreibung an der Universität können die Studierenden nach den Bedürfnissen und Interessen der einzelnen Personen ihre Abteilungen, Majors, Lehrer und sogar Schulen frei wählen. Neben der Einschreibungsphase der Universität können Sie frei Fragen stellen und Meinungen in Lernaktivitäten äußern und auf der Grundlage der akademischen Forschung Forschung und Analyse durchführen. Die Stärkung des Rechts der Studierenden auf Lernfreiheit fördert die Verbesserung der umfassenden Qualität der Studierenden und fördert die Entwicklung der Hochschulbildung. Als Beispiel für Thüringen gehört die akademische Forschung dazu, Probleme, Methodik, Bewertung und Verbreitung von Forschungsergebnissen anzusprechen. Die Förderung und Koordinierung von Forschungsprojekten sowie Fragen im Zusammenhang mit den wichtigsten Forschungsbereichen müssen von den entsprechenden Institutionen der Universität entschieden und verantwortet werden.

Forschung und Lehre sind der Kern der universitären Dienstleistungen. Ziel ist es, den Studierenden durch Lehrveranstaltungen notwendige fachliche Kenntnisse, Fertigkeiten und Methoden zu vermitteln und die persönliche Entwicklung der Studierenden zu fördern. Gemäß den Bestimmungen des Hochschul-Benchmark-gesetzes und den vom Staat gebilligten Vorschriften für Studien und Prüfungen müssen die Hochschulen Studienpläne, Studienzeit und Studienumfang vorlegen. Artikel 5 Absatz 3 des Grundgesetzes sieht die Freiheit der Forschung und des Unterrichts vor.Im gesamten Hochschulbildungsprozess sind die meisten Studenten über die Frage der Beschäftigung in der Zukunft besorgt. Auf einem gewissen Niveau ist die Hochschulausbildung eine Art berufsvorbereitender Arbeit, und die konstitutionelle Grundlage der Lernfreiheit ist die akademische Freiheit sowie die berufliche Freiheit. Die Studienfreiheit ist der Schutz der akademischen Freiheit. Die Einschränkung der Hochschulzugangsberechtigung besteht darin, die Qualität der akademischen Forschung zu verfolgen, die die Lernfreiheit der Studierenden nicht unmittelbar beeinträchtigt hat. Sie kann die Verwirklichung der Lernfreiheit nach der Erfüllung der bestehenden Wissensvoraussetzung erleichtern.

Viertens, das Recht auf Wahl. Der Kern des Wahlrechts liegt in der Freiwilligkeit und Autonomie der Parteien. Das Wahlrecht bezieht sich auf die Wahl der Studenten nach ihrem eigenen subjektiven Willen, mit ihrem freien Willen, im Rahmen der gesetzlich zulässigen Grenzen, ohne künstliche oder objektive Einschränkungen, einen zufrieden stellenden Staat zu erreichen. Das Wahlrecht auf dem Gebiet der Hochschulausbildung umfasst die Auswahlrelationen zwischen verschiedenen Fächern der Rechte (Befugnisse), die eine Art Beziehungskategorie sind. Es umfasst die Wahl der Studenten, die Wahl der Gesellschaft, der Regierung und der Familie für die Studenten und die Wahl der Studenten für die Verwirklichung der Lernfreiheit. Das Wahlrecht der Studierenden umfasst das Recht auf Wahl von Hauptfächern, Lehrern, Kursen, Aktivitäten und anderen Aspekten. Das Freiheitsattribut ist das wesentliche Merkmal des Wahlrechts. Daher ist das Wahlrecht eine andere Form des Freiheitsrechts. Es gibt eine enge Beziehung zwischen den beiden. Diese Rechte sind also spezifische Rechte unter der Erweiterung des Freiheitsrechts und des Rechts auf Lernfreiheit. Das

Wahlrecht muss eine Art freie Wahl mit freien Eigenschaften sein.

Aufgrund des Inklusionsverhältnisses zwischen dem Wahlrecht und dem Freiheitsrecht spiegeln der Anwendungsbereich und die Attribute des Wahlrechts alle die Merkmale der Freiheit wider. Das Wahlrecht wird auf der Grundlage des Prinzips der Freiwilligkeit umgesetzt, also muss ich auch die Verantwortung für die Folgen tragen.Anders als das Recht auf Freiheit hat das Wahlrecht eine gewisse Bandbreite von rechtlichen Einschränkungen, und es ist ein Akt für oder nicht für bestimmte Gesetze. Das Wahlrecht auf dem Gebiet der Bildung wurde von allen Lebensbereichen im Prozess der Reform des rechtlichen Verhältnisses zwischen Studierenden und Hochschulen von der reinen öffentlichen Macht bis zur privaten Macht, die durch vertragliche Beziehungen repräsentiert ist, umfassend untersucht und diskutiert.

Bei der Untersuchung der rechtlichen Beziehung zwischen Studierenden und Universitäten verfügen deutsche Juristen vor allem über zwei Konzepte. Eine davon ist die Theorie der besonderen Machtverhältnisse. Diese Theorie besagt, dass die Beziehung zwischen den Hochschulen und den Studierenden eine Art öffentliches Machtverhältnis ist, in dem die Hochschulen eine überlegene Position einnehmen, einen dominanten Staat haben und sich die Studierenden in einem untergeordneten Staat befinden. In den letzten Jahren wurden jedoch aufgrund der häufigen Fälle von Verwaltungs- oder Gerichtsverfahren von Studenten die Autorität und die Gerechtigkeit der Theorie der besonderen Machtverhältnisse in Frage gestellt. Der zweite ist der Ausbildungsvertrag. Der Vorschlag der Ausbildungsvertragsbeziehung geht mit dem kräftigen Anstieg der Bildungsindustrie einher. Das Vertragsverhältnis ist eine Art zivilrechtliche Beziehung. Auf Grund eines bestimmten Zwecks bilden die Parteien ein Vertragsverhältnis und schließen einen Vertrag. Das Vertragsverhältnis umfasst zwei Formen: geistlichen Vertrag und Textvertrag. Das Vertragsverhältnis im Bildungsbereich hat auch das spezifische Verfahren der Vertragsunterzeichnung. Generell umfasst die Vertragsunterzeichnung zwei Phasen: die Vertragsunterzeichnung und die Wirksamkeit des Vertrags, unter denen die Vertragsunterzeichnung auch die Aufforderung zur Angebotsannahme beinhaltet. Die Ausschreibung im Bereich der Hochschulbildung bezieht sich auf die Freigabe des Studienplans und der Aufnahm

-equalifikationsanforderungen dieses Jahres durch Hochschulen und Universitäten. Das Angebot besteht hauptsächlich in der Bewerbung von Studierenden für die Einschreibqualifikation der Hochschulbildung. Akzeptiert wird die Prüfung des Antrags auf Einschreibqualifikation durch Hochschulen und Universitäten, so dass die Studierenden die Hochschulqualifikation erwerben können. Auf dieser Grundlage ist die Zulassung zur Hochschulbildung durch das Verbreitungsverfahren des Lernorts erlaubt. Die externe Form der Zulassung ist die Ausstellung der Zulassungsbekanntmachung. An dieser Stelle ist die Vertragsunterzeichnung zu Ende gegangen, und das Inkrafttreten des Vertrags bedeutet, dass der Anmelder die Einschreibung innerhalb der von der Universität gesetzten Frist abschließt und die tatsächliche Beziehung in der Schule realisiert und die Registrierung im Rahmen des Überprüfungsprozesses im Einschreibstadium abschließt. Im Verhalten der Einschreibung in die Hochschulbildung wirken Hochschulen und Universitäten als Anbieter von Bildungsressourcen, und Studenten, als Verbraucher von Bildungsressourcen, unterzeichnen Verträge auf der Grundlage der vollen und freien Wahl und des Verständnisses von Informationen. Nach der Theorie des Bildungsvertrags haben Colleges und Studenten den gleichen rechtlichen Status. Wenn das Verhalten der anderen Partei gegen ihre eigenen legitimen Rechte und Interessen verstößt, kann es Erleichterung bringen.

Das Wahlrecht im Bereich der Hochschulbildung ist ein freier Staat. Die Studierenden können frei und gleichberechtigt die von der Gesellschaft bereitgestellten Bildungsressourcen wählen, die auf dem Niveau und den Merkmalen ihrer eigenen Entwicklung beruhen. Das Recht auf Bildungswahl im Bereich der Hochschulbildung ist die Erweiterung und Verwirklichung des Rechts auf Bildung. Es ist die Grundvoraussetzung für die Verwirklichung des Lernrechts der Schüler und auch die Ergänzung zum Recht auf Bildung des Staates, der Gesellschaft und der Familie. Die Studierenden sind in der Lage, ihre eigene praktische Wahl der Hochschulausbildung zu treffen, was in Zukunft einen wichtigen Einfluss auf ihre Berufswahl und ihre Lebensentscheidung hat. In der Hochschulbildung haben verschiedene Fächer und Studiengänge eine einzigartige Wissensstruktur, Persönlichkeitsmerkmale und Denkweise. Dieser interne Faktor wirkt sich direkt oder indirekt auf die Karriereplanung und Beschäftigung der Studierenden aus. Der Wahlprozess ist Ausdruck des eigenen Wertes und Willens des Subjekts. Nur die freie Wahl mit Subjektivität kann ihre praktische Rolle spielen.

Fünftens, gleiche Rechte. Als zweite Kategorie von Grundrechten und grundlegenden Verfassungsgrundsätzen ist das Recht auf Gleichheit eine Ergänzung zur Grundlage des Rechts auf Freiheit. Das Recht auf Gleichheit basiert auf anderen Rechten und kombiniert mit anderen Rechten. Die entsprechenden anderen Rechte enthalten auch das Bewusstsein und die Konnotation des Rechts auf Gleichheit im Geiste der Gesetzgebung. In der Theorie der Grundrechte sind Gleichheit und Freiheit zwei Attribute der Rechte, aber im realen Leben sind Gleichheit und Freiheit immer miteinander verflochten und nicht vollständig voneinander getrennt. Das Recht auf Gleichheit ist ein wichtiges Merkmal des Rechts auf Freiheit, das vom Recht auf Freiheit abhängt und im Sinne des Rechts auf Freiheit existiert. Gleichzeitig ist das Recht auf Freiheit das Wesen des Rechts auf Gleichheit. Kern des Rechts auf Gleichheit ist Freiheit. Der erste Absatz des Artikels 3 des deutschen Grundgesetzes besagt, dass jeder vor dem Gesetz gleich ist. Das Recht auf Gleichheit ist im Wesentlichen ein Recht auf Chancengleichheit, kein Recht auf gleiche Ergebnisse, eine Art Verfahrensgleichheit, keine Art inhaltliche Gleichheit. Zum Beispiel sieht das Bildungsgesetz vor, dass jedes Kind im Schulalter das Recht und die Pflicht hat, eine Grundbildung zu erhalten, was die Garantie für die Möglichkeit für die Schüler ist, in die Grundbildung einzutreten, und nicht die Folgen des Bildungszugangs der Schüler gewährleistet.

Das gleiche Recht auf Bildung ist das gleiche Recht auf dem Gebiet der Bildung, das die organische Verbindung von Bildungsrecht und gleichem Recht darstellt. Das Recht auf Gleichstellung im Bildungswesen ist insbesondere gegen jegliche Form und Inhalte von Diskriminierung im Bildungswesen. Im Rahmen des Hochschulabschlusses sollte das Chancengleichheitsrecht die Unterschiede bei den Bewerbern umfassend berücksichtigen und angemessene Einschreibbedingungen festlegen, damit diejenigen, die die Einschreibqualifikation erfüllen, gleiche Einschreibungsmöglichkeiten haben können. Das Recht auf Gleichheit ist ein Begriff der vergleichenden Beziehung.

Gleichheit beruht auf der unterschiedlichen Behandlung derjenigen, die nicht qualifiziert sind. Es ist ein relatives Konzept mit begrenztem Umfang. Obwohl jeder Hochschulbewerber einen gleichen rechtlichen Status hat, kann das Hochschulrecht nicht dem Recht aller Personen entsprechen, eine Hochschulausbildung zu erhalten. Solange es die legitimen Rechte der Parteien und die Bestimmungen des Grundgesetzes nicht verletzt, erlaubt das Recht auf Gleichstellung angemessene Unterschiede innerhalb eines angemessenen Bereichs. In der Hochschulstufe haben die Studierenden das gleiche Recht auf Hochschulbildung. Die Verwirklichung dieses Rechts basiert auf der Zulassung der Studierenden. Für die Bewerber, die die Zulassungsvoraussetzungen nicht erfüllen, obwohl sie keinen gleichen Zugang zur Hochschulbildung haben, gleicht das Gesetz den in diesem Staat lebenden Bewerbern aus. Der Gesetzgeber entwirft ein ergänzendes System, um den Bürgern, deren Rechte eingeschränkt sind, zu helfen, das Recht auf Beschäftigung zu haben. Der Verlust eines Rechts kann den Erwerb des anderen nicht behindern. Obwohl wir aufgrund von Qualifikationsbeschränkungen nicht in die Hochschulbildung eintreten können, können wir auf andere Weise eine Beschäftigung finden.

Kapitel vier Reform des deutschen Hochschulsystems

1. Hintergrund der deutschen Hochschulreform

Die Geschichte der Hochschulbildung in Deutschland ist auf das 14. Jahrhundert zurückzuführen, als Karl IV die erste Universität, die Karls-Universität, nach dem Modell der Bologna-Universität in Italien 1348 gegründet. Später wurden die ersten deutschen Universitäten wie die Universität Wien, die Universität Heidelberg und die Universität Köln gegründet. In der Debatte über den europäischen Humanismus, die Religionsreform und die anti-religiöse Reform stieg der Aufschwung der Gründung von Universitäten in Deutschland wieder. Ende des 18. Jahrhunderts gab es zweiundvierzig Universitäten im ganzen Land, die eine der meisten Universitäten in europäischen Ländern wurde. Daher entwickelten sich die deutschen Universitäten zwar später als die in Frankreich und Italien, aber sehr schnell. Neben der langen Geschichte und der rasanten Entwicklung ist auch die deutsche Hochschulbildung sehr stark, mit vielen weltberühmten Institutionen wie der Universität Heidelberg, die als die ältere der deutschen Universitäten gilt. Nach dem Eintritt in das 19. Jhd. hat die Humboldt-Universität 25-Nobelpreisträger für die menschliche Zivilisation gebildet. Im 19. Jhd. und der ersten Hälfte des zwanzigsten Jahrhunderts, bis 1936, wurden deutsche Universitäten als die höchsten Universitäten der Welt angesehen und wurden zum Ziel anderer kapitalistischer Länder im Westen, und Deutschland ist zum Geburtsort moderner Universitäten geworden. Während der Entwicklung des deutschen Hochschulwesens von Anfang bis Ende des Zweiten Weltkriegs werden folgende

Merkmale vorgestellt: Zunächst wird betont, dass die wissenschaftliche Forschung eine wichtige Funktion von Hochschulen und Universitäten ist. Zweitens wurde die Struktur der Universität mit Vorlesungen als Kern neu organisiert. Diese Vorlesungen repräsentieren in der Regel neue Disziplinen und werden von Professoren geleitet, so dass Wissenschaftler und Professoren Macht und Prestige gewinnen können. Drittens wird die Universität durch staatliche Investitionen gefördert, und der Staat hat das Recht, die Richtung der Hochschulbildung direkt zu kontrollieren. Alle Mitarbeiter sind Beamte des Staates. Viertens leisten die Universitäten durch Grundlagenforschung und praktische Forschung Beiträge zum Land.

Die Qualität der Hochschulbildung wirkt sich unmittelbar auf den Anbau von Talenten und das Niveau der wissenschaftlichen und technologischen Entwicklung aus und spiegelt auch das Niveau der nationalen wirtschaftlichen Entwicklung wider. Vor dem ersten Weltkrieg war die deutsche Industrietechnik in den großen Industrieländern der Welt, vom vierten Platz bis zum zweiten erst nach den Vereinigten Staaten. Um so ein gutes Ergebnis zu erzielen, ist ein hohes Hochschulniveau unabdingbar. In den folgenden zwei Weltkriegen, insbesondere im Zweiten Weltkrieg, zerstörte Hitlers faschistische Herrschaft die deutsche Hochschulbildung jedoch ernsthaft. In den ersten fünf Jahren der Nazi-Herrschaft zählten die entlassenen Professoren und Dozenten ein Viertel der Gesamtzahl der damaligen deutschen Lehrer. Da progressive Lehrer und Studenten verfolgt wurden, wurden eine große Anzahl herausragender Gelehrter und Experten aus verschiedenen Bereichen ins Ausland verbannt und die Zahl der Studenten drastisch gesunken.

Am Ende des Zweiten Weltkriegs wurde Deutschland in die Bundesrepublik Deutschland und die Deutsche Demokratische Republik aufgeteilt. Unter dem Einfluss der Sowjetunion konzentrierte sich die Deutsche Demokratische Republik auf die Beseitigung des faschistischen Gifts und Einflusses, führte demokratische Reformen durch, gründete demokratische Schulen und führte schrittweise eine sozialistische Erziehungsreform durch, um den Übergang zum Sozialismus zu ermöglichen. Um den Status der Hochschulbildung in der Vergangenheit und auch für die Entwicklung der Hochschulbildung selbst wiederherzustellen, hat die Bundesrepublik

Deutschland unter der Kontrolle und dem Einfluss der von den Vereinigten Staaten angeführten Besatzungsmacht auch eine Reihe von Anpassungen und Reformen der Hochschulbildung vorgenommen, die darauf hinarbeiten, die im Krieg schwer zerstörte Hochschulbildung wiederherzustellen und zu entwickeln. Als Initiator des Weltkrieges hat sich die Bundesregierung jedoch auf einen anderen Weg als andere entwickelte kapitalistische Länder in Europa und Amerika begeben. Von der Nachkriegszeit bis in die frühen sechziger Jahre, als sich die Hochschulausbildung in vielen europäischen und amerikanischen Ländern rasch entwickelt, ist die Bundesrepublik Deutschland in eine Periode eingetreten, die als „nicht gebildete 20-Jahre " bekannt ist. Die Zahl der Universitäten hat zugenommen, aber die Geschwindigkeit ist extrem langsam. Während dieser Zeit ist die Zahl der Hochschulstudenten nur für 3,5% der Altersgruppe der Hochschulstudiengänge verantwortlich, die weit hinter anderen kapitalistischen Ländern liegt. In den späten 1960er Jahren trat die Bundesrepublik Deutschland in die Phase der Hochschulreform. Sie reformierte nicht nur das Führungs- und Managementsystem der Hochschulbildung, sondern beschleunigte auch die Entwicklung der Hochschulbildung. Die Zahl der Hochschulstudenten nahm rapide zu. Die Bundesregierung erhöhte die Mittel für die Hochschulbildung. Die Hochschulbildung zeigte die Besonderheiten der Diversifizierung und Popularisierung.

Die Hochschulen in der Bundesrepublik Deutschland sind in zwei Kategorien unterteilt: wissenschaftliche Hochschulen und nicht wissenschaftliche Hochschulen. Universitäten, höhere Ingenieurschulen, höhere normale Schulen, Seminare und andere so genannte Hochschuleinrichtungen mit Hochschulniveau (wie die Bundeswehr, Hochschulen usw.) gehören zu wissenschaftlichen Hochschulen, während höhere Musik, Kunst, Sportschulen, Colleges, Junior Colleges und umfassende Hochschuleinrichtungen zu nicht wissenschaftlichen Hochschulen gehören. Nach dem allgemeinen Programmgesetz der Hochschulen und Universitäten, das in 1976 herausgegeben wurde, besteht das Lehr- und Wissenschaftsforschungsteam in Colleges und Universitäten grundsätzlich aus vier Arten von Mitarbeitern: Professoren, Assistenten in Colleges und Universitäten, Wissenschafts- und Kunstoffizieren und Lehrkräften mit besonderen Aufgaben. Die Dauer der Schulbildung in den Hochschulen ist nicht festgelegt. Die durchschnittliche Dauer der Schulbildung in den traditionellen Universitäten beträgt 6,6 Jahre, in den normalen Universitäten sind 4,4 Jahre, in Kunst, Musik, körperlicher Bildung und anderen Einrichtungen sind 4,5 Jahre, und in den Junior Colleges sind 3,5 Jahre.

Von der Gründung der ersten Universität in Deutschland im 14. Jh. bis zur Vereinigung Deutschlands und Deutschlands in den 90er Jahren weist die Hochschulausbildung in allen Aspekten (hauptsächlich in Bezug auf die Bundesrepublik Deutschland) bestimmte Merkmale auf. Erstens betont sie die Einheit der wissenschaftlichen Forschung und Lehre. Colleges und Universitäten sind gleichzeitig Orte für wissenschaftliche Forschung und Lehre. Die Universitäten tragen die meisten grundlegenden wissenschaftlichen Forschungsprojekte in China, und die wissenschaftlichen Forschungsleistungen zur Förderung der Modernisierung kommen hauptsächlich von Universitäten. Zweitens betont er die akademische Freiheit. Die inneren Angelegenheiten von Hochschulen und Universitäten sind frei von externer Einmischung. Colleges und Universitäten können Professoren ernennen und Studenten nach eigenem Ermessen rekrutieren. Professoren genießen volle Freiheit in der Lehre und der wissenschaftlichen Forschung, und Studenten genießen den gleichen Grad an Lernfreiheit wie Professoren. Zusätzlich zu einigen erforderlichen Kursen können die Studierenden ihre eigenen Lernpläne nach beruflichen Anforderungen und ihren eigenen Interessen arrangieren. Akademische Hochschulen verfügen auch über volle Autonomie und Autonomie in den Bereichen Curriculum, wissenschaftliche Forschung, Lehrmethoden und interne Organisation. Um sicherzustellen, dass die Entwicklung der Hochschulbildung in jedem Staat grundsätzlich koordiniert wird, hat das Grundgesetz der Bundesrepublik Deutschland der Bundesregierung die Befugnis gegeben, Gesetze zu erlassen, die auf den Grundsätzen der Hochschulbildung 1969 beruhen, aber neben der allgemeinen gesetzgeberischen Macht ist die föderale Stimme in der Hochschulbildung sehr begrenzt, und der Beteiligungsbereich besteht nur darin, Studenten Studiendarlehen zu gewähren, den Aufbau der Hochschulbildung mit den entsprechenden Staaten zu finanzieren, die wissenschaftliche Forschung in Colleges und Universitäten und ausländische Zusammenarbeit zu fördern.

2. Inhalt der Reform des Managementsystems der Hochschulbildung in Deutschland

Am Juli 7, 2006, Deutschland verabschiedete das „föderale System Reform Programm ", das 25 der 141 Bestimmungen des Grundgesetzes über die Autorität der Bundesregierung und der Staatsregierung regulierte. Sein Kerninhalt umfasst mehr als 40-Arten, einschließlich Bildung, Legislative, Managementmacht und Finanzverteilungskraft des Staatsparlaments, sowie EU-Angelegenheiten und nationale Sicherheit. Der Kerninhalt dieses Änderungsantrags umfasst die Reform der Bildungsgesetzgebung, der Verwaltungsmacht und der Finanzverteilung. Insbesondere hebt sie die finanzielle Beteiligung der Bundesregierung an der Erweiterung und dem Bau von Hochschulen und Universitäten und ihren angeschlossenen Krankenhäusern in der Zukunft ab. Sie beschränkt die Bildungsplanung in Artikel 91b des Grundgesetzes auf die Teilnahme an der Bildungsevaluation. Sie fügt Artikel 143 über die finanziellen Subventionen der Bundesregierung für jeden Bundesstaat vor 2013 hinzu, um die Rechtmäßigkeit der Finanzierung des Aufbaus von „Elite-Universitäten " zu bestimmen. Die besondere Autorität für Ressourcen und Behandlung wird der staatlichen Regierung übertragen, um die Verbindung zwischen Professor-Gehalt und Leistung zu fördern. Ziel dieses Änderungsantrags ist es, das Gleichgewicht zwischen Zentralisierung und Dezentralisierung im Bereich der Hochschulbildung unter der Prämisse der Achtung der historischen Tradition zu untersuchen, um die Umwandlung der ursprünglichen „kooperativen Partnerschaft " Beziehung zwischen der Bundesregierung und dem Staat in eine „strategische Partnerschaft " Beziehung zu fördern, die lokale Autorität und Verantwortung im Bereich der Hochschulbildung zu erhöhen und die Macht an die lokale Regierung zurückzugeben. Die Hochschulvereinbarung 2020 bietet eine neue und zuverlässige Rechtsgrundlage für die Reform des Hochschulwesens vor 2020.

2.1 Erweiterung der Hochschulautonomie und Verbesserung der Selbstverwaltung der Universität

Da die wichtigsten Angelegenheiten letztlich von der Regierung entschieden werden, hat die Universität weder das Recht noch die Verantwortung, die Entscheidungsprozesse der Universität zu berücksichtigen. Die Universitäten ohne Entscheidungsbefugnis sind nur für die Verwaltung der täglichen akademischen Angelegenheiten verantwortlich, und der größte Teil der Entscheidungsbefugnis dieser Angelegenheiten liegt in den Händen der Professoren. Dieses umgekehrte interne Managementsystem unterstützt das System der direkten Regierungsverwaltung und bietet gleichzeitig mehr Autonomie und Freiheit für Professoren. Aber auch ihre Nachteile liegen auf der Hand. Zum einen ist die begrenzte Autonomie der Universität. Zum anderen ist die Macht der Professoren völlig dezentralisiert, die Organisations- und Kontrollfähigkeit gering, das interne Management der Universität relativ lose und die Organisationsmacht schwach.

Die deutsche Regierung hat sich sehr bemüht, die Autonomie der Universitäten zu erweitern und die Selbstverwaltung der Universitäten zu verbessern, die in den folgenden Aspekten gezeigt werden: Erstens, das „duale Management " der Universitäten in der Vergangenheit zu streichen, die Verwaltungsbehörde der Präsidenten zu erweitern und die Führungsrolle der Präsidenten zu stärken. Nach dem allgemeinen Programmgesetz ist der Präsident einer Universität Leiter des Hochschulmanagements sowohl im „Recht " als auch im akademischen Bereich. Seine Amtszeit hat sich von den letzten zwei Jahren auf vier bis acht Jahre gewandelt. Die Kandidaten des Präsidenten basieren hauptsächlich auf der Erfahrung und der Fähigkeit, akademische Abteilungen zu führen und zu führen, und werden nicht notwendigerweise von Professoren übernommen. Der Leiter, der ursprünglich von der Regierung an die Universität geschickt wurde, ist nicht mehr direkt der Regierung gegenüber verantwortlich, sondern dem Präsidenten.Zweitens, von „Professor Governance " bis „Group Co Governance ", sollten wir die Entscheidungsverantwortung der Universitäten stärken und den Grad der Demokratisierung der Entscheidungsfindung stärken. Die allgemeine Rahmenmethode überträgt viele Funktionen, die ursprünglich von der Regierung verwaltet wurden, an die Universität und verlangt von der

Universität eine Stärkung der Entscheidungsfindung, die „die Entscheidungsfindung von Lehre und Ausbildung, wissenschaftliche Forschung und Organisation muss die Beteiligung von Vertretern verschiedener Gruppen haben ". In der Vergangenheit wurde der Rat, der sich ausschließlich aus Professoren zusammensetzte, durch Vertreter von vier großen Gruppen ersetzt: Professoren, akademisches mittleres Personal, Studenten und Verwaltungspersonal. Drittens, die Organisationsstruktur ändern und die Führungsverantwortung und die Fähigkeit der Organisation stärken. Die Universitäten implementieren in der Regel das System der Universitätsverwaltung. Die ursprüngliche Abteilung wurde abgeschafft und in mehrere Abteilungen unterteilt, die die Basiseinheiten der Universitäten sind. Viele der Arbeiten, die ursprünglich für den Lehrstuhlprofessor verantwortlich waren, wurden auf die Abteilungsebene übertragen, während das Forschungsinstitut von einem Professor auf viele Professoren umgestellt wurde. Die Einrichtung und Stärkung der Managementfunktion der Abteilung gilt als die wichtigste Verbindung zur Stärkung der Verwaltung der Universität. Die Stärkung dieses Teils des Managements wird die Fähigkeit der Schule, die Schule und ihre Professoren zu übernehmen, letztlich verbessern. Viertens: Verbesserung der Autonomie bei der Verwendung von Hochschulfonds. Nach dem allgemeinen Programmgesetz gewährt die Regierung Hochschulen in Form eines „allgemeinen Budgets ", der nicht mehr durch den Staatshaushalt begrenzt ist. Universitäten können Mittel in verschiedenen Kategorien und in verschiedenen Jahren nach ihren eigenen Wünschen verwenden und ermutigen die Universitäten, sich um Mittel aus der Gesellschaft zu bemühen. Fünftens: Ausbau der Autonomie der Hochschuleinrichtungen bei der Einschreibung. Bei der Rekrutierung von Studenten sollten wir die Faktoren wie Wohnort, Familienwirtschaft und Wartezeit ändern und uns auf die Beratung und Koordination des Schulquotenverteilungszentrums der Regierung verlassen, um die Macht und den Willen von Hochschulen und Universitäten bei der Rekrutierung von Studenten bedingt zu respektieren. Insbesondere sollten 20% der Einschreibquote an Hochschulen und Universitäten vergeben werden, die Studierende nach ihren eigenen Anforderungen und Standards auswählen und aufnehmen. Diese Politik ist legalisiert worden, wodurch Hochschulen und Universitäten das Recht erhalten, an der Umsetzung der Grenzen der Einschreibung teilzunehmen.

2.2 Stärkung der makro-Kontrollfähigkeit der Bundesregierung und Einschränkung der direkten Intervention der staatlichen Regierung an Universitäten

Im deutschen Hochschulsystem werden Universitäten und andere Hochschuleinrichtungen im Wesentlichen von der lokalen Regierung geleitet und verwaltet. Die Bundesregierung übernimmt diese Arbeit nicht. Die so genannte staatliche Intervention spiegelt sich vor allem in der Kontrolle der staatlichen Regierung über die Universitäten wider. In den letzten Jahren hat die Bundesregierung ihre Makro-Kontrollkapazität gestärkt, ihre Autorität in der Hochschulpolitik gestärkt, die Koordination zwischen der Bundesregierung und den Staaten in der Bildungspolitik weiter gestärkt und die Entwicklung der bildungswissenschaftlichen Politik, insbesondere der Zusammenarbeit zwischen der Bundesregierung und den Staaten, geplant. Diese Reform spiegelt sich vor allem in: Erstens in der Stärkung der Arbeit der wissenschaftlichen Überprüfungskonferenz. Die wissenschaftliche Überprüfungskonferenz ist nicht nur ein beratendes Gremium der Bundesregierung, sondern auch ein Zwischenpuffer zwischen Universitäten und staatlichen Regierungen. Die Revisionskonferenz setzt sich aus Gelehrten und Beamten zusammen, von denen 60% Wissenschaftler sind, die vom Bundespräsidenten ernannt werden, und 12% des Bundespersonals und eines Vertreters jedes Staates. Durch diese Einrichtung kann einerseits die Bundesregierung die Makroentwicklung der nationalen Hochschulbildung erfassen, andererseits kann sie die direkte Intervention der staatlichen Regierung an den Universitäten durch die Evaluierung staatlicher Hochschulprogramme absichern. Zweitens: die Direktinvestitionen der Bundesregierung in die Hochschulbildung zu erhöhen, die Auswirkungen der Bundesregierung auf die Hochschulbildung zu erweitern und die Abhängigkeit der Universitäten von der staatlichen Regierung zu verringern. Seit den 70er Jahren ist der Großteil der Investitionen der Bundesregierung an die staatliche Regierung vorbeigegangen und direkt an die Universitäten gelangt.

Drittens sollten wir alle Arten von Verhaltensweisen durch Rechtsvorschriften einschränken. Die Bundesregierung hat eine Reihe von Gesetzen und Verordnungen nach den Bestimmungen der neuen Verfassung formuliert, dass „die Bundesregierung programmatische Gesetze über die allgemeinen Grundsätze der Hochschulbildung formuliert ". Diese Gesetze balancieren das Recht der Regierung, die Universität zu kontrollieren und die Selbstgefälligkeit der Universität einzuschränken. Viertens: Verstärkung der Qualitätsüberwachung. Obwohl die Regierung nach dem vorherigen System eine große Kontrolle über die Universitäten hat, sind die meisten von ihnen pre-control, und die Qualität von ihnen ist vollständig in der persönlichen Verantwortung der Gelehrten. Heute stärkt die Regierung ihre Aufsichtsfunktion, stellt höhere Anforderungen an die Universitäten und garantiert die Qualität. Diese Reformen der Bundesregierung zeigen, dass sich die Bildungsverwaltung, insbesondere die Universitätsverwaltung, in Richtung Zentralisierung entwickelt.

Die ursprüngliche Absicht der Reform des föderalen Systems ist es, das Phänomen zu verringern, dass die lokalen Regierungen sich ihrer Verantwortung entziehen. Doch jetzt hat das Endergebnis der Reform die Plattform der Zusammenarbeit demontiert. Es bleibt abzuwarten, welche versteckten Gefahren diese politische Situation der deutschen Hochschulbildung bringen wird. Die Richtung der Reform des Hochschulmanagementsystems in Deutschland besteht darin, dass die Universitäten ein hohes Maß an Autonomie haben und zu einer unabhängigen Einheit mit unabhängiger Entscheidungsfähigkeit und Selbstregulierungsfähigkeit werden. Universitäten und Gesellschaft sind durch eine Reihe von zwischengeschalteten Institutionen eng miteinander verbunden und es gibt keine direkten Beziehungen zwischen Universitäten und Regierungen durch eine Reihe von zwischengeschalteten Institutionen. Wir werden sehen, wie die Ergebnisse der Reform aussehen werden.

2.3 Reform des Hochschulsystems und des Hochschulsystems

Deutschland verfügt über ein eigenes System von Studien und Abschlüssen, das aufgrund der Internationalisierung zu starr ist. So lange es sieben Studienjahre gibt, verloren die Studierenden ihren Altersvorsprung und ihre Kreativität auf europäischen und internationalen Märkten. Selbst inländische Unternehmen beklagten sich darüber und begannen, sich auf den internationalen Talentmarkt zu konzentrieren. Die Uneinigkeit des Hochschulsystems wirkt sich in gewissem Maße auf den Wettbewerbsvorteil der inländischen Studierenden auf dem internationalen Markt und die Anziehungskraft der deutschen Universitäten in ausländische Länder aus.

2.3.1 Reform des Schulsystems

Da die Studiendauer zu lang ist, hat das Bundesministerium für Bildung in Deutschland eine Reihe von Reformmaßnahmen vorgeschlagen.

Erstens sollten wir die gegenwärtige Situation durch eine Reform der Bildungspolitik ändern. Zum Beispiel sollten wir in der vorgeschriebenen Studienzeit von neun bis zehn Semestern die Bewertung verstärken und die Halbzeitprüfung durchführen, d. h. wir sollten im Studienprozess untersuchen, den üblichen Studiendruck erhöhen und den Testdruck am Ende der Studie verringern. Wenn ein Student die Prüfung nicht bestanden hat, darf er nicht zählen. Er kann eine Make-up-Prüfung statt in die Anzahl der Prüfungen, die durch die Prüfungsordnung vorgeschrieben sind, aufgenommen werden, so dass der Student die Abschlussprüfung früher nehmen und innerhalb der vorgeschriebenen Frist abschliessen kann. Darüber hinaus werden auch Kurse wie Teilzeitstudium oder andere ähnliche Projekte in der Grundstufe organisiert, so dass diejenigen, die am Arbeitsplatz arbeiten oder ihre Verwandten pflegen müssen, die Möglichkeit haben, ein Studium nach den üblichen Studienjahren zu absolvieren. So hat die Universität Freiburg im Wintersemester 2000-2001 einen Versuch gemacht und individuelle Teilzeitstudien in der Philosophie-Abteilung eingeführt. Um die Qualität der Erstsemester zu verbessern und sicherzustellen, dass sie genügend Lernfähigkeit haben, um rechtzeitig einen Abschluss zu machen, sollten wir den Anteil der Lernergebnisse bei der Zuteilung der Studentenquote verbessern. Einige Schulen belohnen Professoren mit hoher Studienquote und fordern die Professoren auf, mehr Zeit mit den Studierenden in Kontakt zu treten, was dem Schulabschluss der Studierenden förderlich ist. Außerdem wurden Maßnahmen ergriffen, um die Lernmotivation der Studierenden zu verbessern, wie z. B. die Vergabe von

Studienleistungen durch das Stipendiensystem. Die Darlehenserleichterung für Studierende hängt zunächst von der Dauer ihrer Lernzeit ab und fördert Studierende, die ihr Studium früher oder rechtzeitig abgeschlossen haben.

Zweitens durch finanzielle Mittel zur Förderung der Verbesserung des Hochschulmanagements, zur Förderung des Abschlusses der Studierenden rechtzeitig. Die Finanzierung der Hochschulen hängt von den akademischen Leistungen der Studierenden ab. Anzahl und Anteil der Studierenden, die innerhalb der regulären Schul- und Hochschulzeit studieren, gelten als Kriterien für die Bereitstellung von Mitteln für die Hochschulen, um die Hochschulen zu fördern, ihr Wettbewerbsgefühl zu stärken, ihre eigenen Interessen zu berücksichtigen, das Management zu verbessern und die Studienjahre der Studierenden zu verkürzen.

Drittens, die Bedingungen für die Ernennung von Professoren reformieren. In der Vergangenheit dachte man, dass ein guter Forscher auch ein guter Lehrer ist. Nachdem ein Professor eingestellt wurde, würde er nicht nach seiner Unterrichtsqualität und Arbeitsleistung gefragt werden. Nun sollte das Gehalt des Professors mit der Zahl der Studenten, die er hat, und der Zahl der Absolventen verknüpft werden, um den Professor durch seine tatsächlichen Leistungen bezahlt zu machen, die Qualität der Lehre zu verbessern, die Kontaktzeit mit den Schülern zu erhöhen, die akademische Leistung der Schüler zu verbessern und zu fördern. Damit sie ihre Studien innerhalb der vorgeschriebenen Frist abschließen können. In dieser Hinsicht sind die Universitäten im neuen Unionsstaat nach der Verschmelzung von Ost- und Westdeutschland besser als die in der alten Union. Der Kontakt zwischen den Hochschulstudenten und den Professoren ist relativ eng. Dadurch wird die Zeit für die Studenten verkürzt, in der Schule zu studieren.

2.3.2 Reform des Grads

Das zweistufige Hochschulsystem Deutschlands und das internationale Hochschulsystem sind nicht kompatibel, was sich im internationalen Wettbewerb nachteilig ausgewirkt hat. Mit der Entwicklung des europäischen politischen und wirtschaftlichen Integrationsprozesses, um die Kompatibilität internationaler Standards zu stärken, die Mobilität der Studenten zu verbessern, die internationale Wettbewerbsfähigkeit zu

verbessern und ausländische Studenten anzuziehen, erkennen immer mehr Länder, dass wir, um Europa zu einer Gemeinschaft von Gesellschaft und Kultur zu machen, durch Zusammenarbeit und Koordinierung eine gemeinsame Entwicklung erreichen müssen.
1997 unterzeichnete Deutschland in Lissabon ein Abkommen über die gegenseitige Anerkennung von Hochschuldiplomen in Europa. Ein Jahr später verabschiedeten der deutsche Bildungsminister und die Bildungsminister Großbritanniens, Frankreichs und Italiens eine „nüchternere Erklärung " auf dem Seminar der europäischen Universitäten, in der erneut die Notwendigkeit unterstrichen wurde, die Gleichwertigkeit und Koordinierung von Hochschulkursen und Hochschuldiplomen zu fördern. Im Jahr 1999 unterzeichneten die Bildungsminister der 29-europäischen Länder die Bologna-Erklärung in Bologna. Ziel des Bologna-Prozesses ist es, den transnationalen Fluss von Hochschulstudenten und wissenschaftlichen Forschern und die gegenseitige Anerkennung nationaler akademischer Qualifikationen zu fördern, um den Integrationsprozess der Europäischen Hochschulausbildung im Jahr 2010 zu vollenden.

Das Highlight des Bologna-Prozesses in Deutschland liegt in der Umwandlung des ursprünglichen Graduiertensystems der Integration des Bachelor- und Masterstudiums in ein Bachelor- und Masterstudiensystem (im Folgenden als Baima-System bezeichnet) auf der Grundlage britischer und amerikanischer Abschlüsse und eines „europäischen Kredits ", das in Europa frei ausgetauscht werden kann. Nach der fünften Überarbeitung des allgemeinen Rechts der Hochschulen und Universitäten wurde das Baima-System in Deutschland seit 2002 gefördert. Anschließend hat jeder Bundesstaat den Baima-Abschluss als Berufsqualifikationsurkunde in seinem Hochschulrecht rechtlich bestätigt. Nach den Statistiken des Bundesministeriums für Bildung und Forschung in Deutschland gab es bis zum Sommer-Semester 2005 2934 berufliche Punkte, die gemäß dem Baima-System eingerichtet wurden und für 27% der beruflichen Punkte an deutschen Universitäten verantwortlich waren. Mehr als die Hälfte von ihnen sind völlig neu, und der Rest wird auf der Grundlage der ursprünglichen professionellen Punkte wieder aufgebaut. Siebzig Prozent der 2934-Spezialpunkte führten „europäische Kredite " und Prozessbewertung ein.

In Deutschland spiegelt sich das ursprüngliche Hochschulsystem in den von den Universitäten angebotenen Studiengängen wider, d.h. die meisten davon sind nicht direkt mit der beruflichen Laufbahn verbunden und viele von ihnen erfüllen nicht die Bedürfnisse der Gesellschaft. Die meisten Professoren werden immer noch von Humboldts pädagogischen Gedanken beherrscht, wobei die Kultivierung der Forschungsfähigkeit der Studierenden betont wird, während viele von ihnen hoffen, eine spezifische Hochschulausbildung zu erhalten, die erfolgreich Karrieren suchen kann.Um das Hochschulsystem zu reformieren, ausgehend von der Reform der Curriculumstruktur, wird das Hochschulstudium in zwei Arten von Strukturen (Grundbildung und Studium) unterteilt. Das so genannte Grundwissen besteht in der Erlangung einer beruflichen Qualifikation nach drei oder vier Studienjahren. Studierende können diese Qualifikation nutzen, um entsprechende Arbeitsplätze zu finden, während das Studium für diejenigen bestimmt ist, die ihr Studium fortsetzen möchten.

Die Reform verfolgt vor allem einen Bottom-up-Ansatz, der von jedem Staat und jeder Spezialität nach ihren eigenen Bedingungen und Wünschen schrittweise gefördert wird. Nach der Reform beschränkt sich die Studiendauer auf drei Jahre (vier Jahre für einige Studiengänge wie Architektur) und die Studiendauer des Masterstudiengangs beträgt zwei Jahre. Die Staaten delegieren die Entscheidungsbefugnis, Bachelor- und Masterstudiengänge an Hochschulen und Universitäten, teilweise sogar an Berufsabteilungen anzubieten. Seit dem Wintersemester des 1999-2000 haben eine Reihe deutscher Ingenieurhochschulen ihre Bachelorstudiengänge begonnen, die modular aufgebaut sind und im Wesentlichen Englisch unterrichten. Derzeit existiert das neue und alte Hochschulsystem nebeneinander. Nur wenige Schulen planen, das System nach einer Zeit des Experiments umfassend zu verändern und die Reform des Schulsystems der „getrennten Ausbildung von Erststudierenden und Postgraduierten " durchzuführen.

Angesichts der Koexistenz des ursprünglichen Graduiertensystems und des Baima-Systems und der dubiosen Einstellung des Talentmarkts zur Anerkennung des Baima-Zertifikats wird die Zahl der in der Baima-Spezialität registrierten Studenten stark reduziert. Aus den Statistiken im Jahr 2005 geht hervor, dass 9800-Personen bzw. 9200-Personen Ba und Ma-Abschlüsse erworben haben, die für 4% der Gesamtzahl der von den Universitäten ausgestellten Abschlüsse ausmachen. Obwohl die Zahl von 66% und 64% Jahr für Jahr gestiegen ist, sollte betont werden, dass mehr als die Hälfte der MA-Abschlüsse von ausländischen Studenten erworben wurden. Da die Reform noch im Gange ist, hat das Hochschulsystem den Studenten ein starkes Gefühl der Unsicherheit in der Ausrichtung von Studium und Beschäftigung gebracht. Die Zahl der Studierenden, die in verschiedenen Hochschulen und Universitäten in Beratungszentren tätig sind, hat sich nach einer Umfrage des Bundes der Hochschuleinrichtungen mit dem Fortschreiten der Hochschulumwandlung stark erhöht. Von Beginn des Bologna-Prozesses an kritisierten die linken politischen Parteien, Gewerkschaften, intellektuelle Eliten, Professoren und Studenten den Übergang zum Hochschulabschluss auf Kosten der allgemeinen Bildung, was die Hochschulausbildung auf die Berufsausbildung reduzierte. Derzeit besteht der Engpass der Graduiertentransformation in der traditionellen nationalen Zertifizierungsprüfung für Lehrer, Anwälte, Ärzte und Apotheker.

Obwohl es viele Probleme in der Reform gibt und die Reform nicht in einem umfassenden und großen Maßstab durchgeführt wurde, beschleunigt sich das Reformtempo, und der Effekt spiegelt sich in drei Aspekten wider: Erstens, nach der Umsetzung von „Undergraduate, Postgraduate und Graduate Education ", ist die Zahl der Absolventen diversifiziert, und neben der Einschreibung von Hochschulabsolventen an unserer Universität können wir auch hervorragende Studenten aus anderen Universitäten rekrutieren. Dies ist günstiger für die Fachhochschule, die ihnen auch die Möglichkeit und die Möglichkeit bietet, die Lücke mit der forschungsorientierten, umfassenden Universität zu schließen. Zweitens ist durch die Reform des akademischen Bewertungs- und Bewertungssystems die Beziehung zwischen akademischer Leistung und Curriculumstudium enger, was zur Verbesserung der Qualität und des Niveaus der Lehre von Hochschulen und Universitäten hilfreich ist. Drittens wird sie durch die Reform auch dazu beitragen, die Zahl der Schulabbrecher zu verringern und den Anteil der Studierenden zu verbessern. Um die Absolventen direkt zu beschäftigen, und 50%

der herausragenden Studenten können weiterhin für den Master-Abschluss studieren. Nach mehrjähriger positiver und nutzbringender Praxis und Versuch haben das Bildungssystem und die Hochschulreform an deutschen Universitäten erste Ergebnisse erzielt. Aus der Sicht der von Deutschland ergriffenen Maßnahmen zur Förderung der Reform des Schulsystems kann die Verkürzung des Studienzeitraums durch administrative Mittel und Anreizmechanismus tatsächlich eine gute Wirkung haben. Gleichzeitig ist der Autor der Ansicht, dass wir auf die ausführliche Beratung und aktive Betreuung der Erstsemester achten sollten, damit sie nicht zu viel Zeit und Energie nach dem Studium verbringen, weil sie über ihr Studium und ihren Lehrplan verwirrt sind, so dass sie erkennen, dass zu viel Zeit in der Universität nicht förderlich für ihre eigene Entwicklung ist, und sie fördern, um eine gute Selbstverwaltung durchzuführen. In Bezug auf den universitären Lehrplan ist es notwendig, den Bedürfnissen der Gesellschaft gerecht zu werden und Talente unterschiedlicher Niveaus entsprechend den Bedürfnissen verschiedener Niveaus und Berufe zu kultivieren. Gleichzeitig sollten wir die Investitionen in die Bildung erhöhen, die Bildungseinrichtungen verbessern und den Studierenden eine materielle Garantie für den Abschluss ihres Studiums innerhalb der vorgeschriebenen Frist geben. Im Hinblick auf die Förderung der Hochschulreform hat Deutschland einen schrittweisen Ansatz eingeschlagen. Unterschiedliche Staaten und Hochschulen und Universitäten führen die Reform nach ihren eigenen Bedingungen durch, und nicht nach einem einheitlichen Ansatz, der der Erhaltung der Merkmale von Hochschulen und Universitäten und der Gewährleistung der Qualität des Unterrichts förderlich ist. Wenn ein neuer Abschluss hinzugefügt wird, sollte er durch ausreichende Mittel unterstützt werden. Die Lehrpläne, die Lehrerzuweisung, die Lehreinrichtungen, die Unterrichtspläne usw. sollten entsprechend angepasst werden. Dies ist kein Tagesereignis, das eine sorgfältige Planung und Anordnung erfordert und auch in der Praxis geprüft werden muss. Um die Festlegung des neuen Grades zu überwachen und zu kontrollieren, sollten wir die Bewertung verstärken, um sicherzustellen, dass die Qualität des Unterrichts eher steigt als fällt. Ich glaube, mit der Vertiefung der Reform wird sich das deutsche Hochschulsystem schrittweise verbessern und weiter in die internationale Gemeinschaft integrieren. Man kann sagen, dass die deutsche

Hochschulreform ein Versuch ist, die europäische Integration weiter zu fördern, aber auch eine wichtige Maßnahme zur aktiven Integration in den internationalen Markt.

2.3.3 Reform des Personal- und Lohnsystems in der Hochschulbildung

2.3.3.1 Reform des Professorensystems

Es ist notwendig, das Personalsystem zu reformieren, um die Effizienz der Leitung einer Universität zu verbessern. Das Personalsystem der deutschen Hochschulen, insbesondere das Förder- und Garantiesystem der Professoren, hat sich stets an die Tradition gehalten und ist ein Beschäftigungssystem, das nur gefördert, aber nicht abgesenkt werden kann. Was die Auswahl der Professoren betrifft, so ist der Weg einmalig und zeitaufwändig, so dass das Durchschnittsalter der Professoren in Deutschland zum ersten Mal viel höher ist als in den USA und anderen EU-Ländern, die sich im Wettbewerb nachteilig gezeigt haben. Nach einer langen Wartezeit, um die Qualifikation eines Professors zu erhalten, müssen Leistung und Qualität der Arbeit eines Professors nicht bewertet werden. Objektiv ist es einfach, Mittelmäßigkeit und Trägheit zu fördern, was zu Stagnation der akademischen Ebene führt, was nicht zur Verbesserung der Lehr- und Forschungsqualität beiträgt. Aus diesem Grund hat Deutschland in den letzten Jahren immer mehr Reformen gefordert, um den Status von Professoren und das lebenslange System abzuschaffen.Angesichts der im Lehrsystem bestehenden Probleme hat die deutsche Regierung positive Reformen und Versuche unternommen.

In den beiden im April 2000 vorgelegten Dokumenten „Bericht über die Reform des öffentlichen Dienstleistungsrechts von Hochschulen und Universitäten " und „Plan für die Reform des öffentlichen Dienstleistungsrechts von Hochschulen und Universitäten, die dem 21. Jahrhundert gegenüberstehen ", wurde im September 2000 die Reform des Lehrsystems für Professoren vorgeschlagen. Ziel der Reform ist die Änderung des Systems der akademischen Auswahl, die Verkürzung der Zeit für die Erlangung der akademischen Berufsqualifikation, d.h. die Verbesserung des Verfahrens zur Bestimmung der akademischen Qualifikation, die Verkürzung der Zeit von der akademischen Vorbereitungsphase bis zum ersten Posten und die Unabhängigkeit der akademischen Reservekanten in Lehre und Forschung so bald wie möglich. Daher empfiehlt der Sachverständigenausschuss, dass die Bundesregierung Deutschlands das System der alternativen Qualifikationen für Professoren abschafft und die Position des „Assistant Professor " im Lichte der Vereinigten Staaten festlegt. Der Assistenzprofessor ist eine Übergangsstelle mit Zeitbegrenzung und dem Ziel, die Qualifikation des Professors zu erlangen. Der Hauptzweck ist die Verkürzung der Zeit für die Qualifizierung des Professors, die dem akademischen Reservestand förderlich ist, um wissenschaftliche und wissenschaftliche Forschungsarbeiten so bald wie möglich durchzuführen. Mit diesem Programm entscheidet die Universität schließlich, ob der Bewerber um die Position des Professors die Qualifikation zum Professor hat, und die Universität selbst trägt die entsprechenden Verantwortlichkeiten und Konsequenzen. Assistenzprofessoren unterscheiden sich von Mitarbeitern der mittleren Ebene, wie z.B. akademischen Assistenten. Sie werden nicht einem bestimmten Professor unterstellt und haben eine wissenschaftliche Abhängigkeit, sondern verfügen über unabhängige Lehr- und Forschungskraft. Dies ist ein grundlegender Unterschied von der alternativen Qualifikation der Professoren. Akademische Mitarbeiter können sich drei Jahre nach ihrem Promotionsstudium um Assistenzprofessoren bewerben. Colleges und Universitäten beschäftigen sie im Wege der offenen Rekrutierung. Der Einstellungsprozess ist im Grunde der gleiche wie der der der Professoren, aber er unterliegt nicht der Genehmigung des Staatlichen Bildungsministeriums, sondern wird letztlich von Colleges und Universitäten selbst entschieden.Assistenzprofessoren gehören zur Professur-Reihe. Sie sind nationale Beamte während ihrer Arbeit. Sie haben das Recht, Ärzte zu leiten und Lehraufgaben zu übernehmen. Assistenzprofessoren haben ihr eigenes Budget, können Drittkanalfonds beantragen und haben das Recht, mit Hochschullehrern zusammenzuarbeiten. Im Gegensatz zu den Professoren sind ihre Amtszeit nicht lebenslang, sondern in zwei dreijährige Zeiträume unterteilt, in denen unqualifizierte Assistenzprofessoren abgeschafft werden. Durch diese Maßnahme kann die erste Amtszeit eines Professors frühestens auf 33 Jahre fortgeschritten werden, im Wesentlichen im Einklang mit internationalen Standards. Das Assistenzprofessorsystem in Deutschland ähnelt dem chinesischen „Yangtze River Scholars Program ", das versucht, jungen Gelehrten, insbesondere denen, die im Ausland Erfolge erzielt haben, einen neuen Weg zu eröffnen, um dem Land zu dienen.

Angesichts der Situation der lockeren internen Leitung und der schwachen Organisationsmacht der Universität, um die Entscheidungsverantwortung der Universität zu stärken und den Grad der Demokratisierung der Entscheidungsfindung zu erhöhen, wurde der ursprüngliche einzige Evaluierungsausschuss, der sich aus Professoren zusammensetzt, auf die Vertreter von vier großen Gruppen, d. h. Professoren, Akademiker auf mittlerer Ebene, Studenten und Verwaltungspersonal, die aus verschiedenen Gruppen nach dem Verhältnis gewählt wurden, umgestellt. deckungsgleich. Viele der Arbeiten, für die der ehemalige Lehrstuhlprofessor verantwortlich war, wurden auf die Abteilungsebene übertragen, während das Forschungsinstitut von dem Muster, das ein Professor normalerweise leitete, auf mehr als einen Professor geleitet wurde, um die Managementverantwortung und die Fähigkeit der Organisation zu stärken. Es ist erwähnenswert, dass die deutsche Regierung bei der Förderung der Reform stets darauf geachtet hat, den Wissenschaftlern genügend akademische Autonomie und Freiheit zu geben, was die Gelehrten immer noch in allen Aspekten eine wichtige Rolle im akademischen Bereich spielen lässt. So wird beispielsweise festgelegt, dass die Universitäten bei der Einsetzung eines Rates aus mehreren Gruppen immer noch sicherstellen müssen, dass die Professoren mehr als die Hälfte davon besetzen und dass die Professoren das Veto über Entschließungen genießen. Im Bereich der Forschung können die Forscher neben dem speziellen Forschungsplan noch ihren eigenen Forschungsplan festlegen und sich frei konzentrieren.

Im Zuge der Reform des Personals und des Lohnsystems in der Hochschulbildung sieht die Bundesregierung klar, dass das Personalsystem der deutschen Hochschuleinrichtungen Teil ihrer Tradition ist, und ihre Negation bedeutet die Negation der Tradition, was sehr schwierig ist. Die Reformpolitik der Bundesregierung konzentriert sich daher vor allem auf die Schaffung entsprechender offener Bedingungen und konkurrenzfähiger Rahmenbedingungen aus der Peripherie. Die Bedingungen für die Öffnung liegen vor allem in der Lockerung der harten Indexvorschriften zur Förderung junger Wissenschaftler, die sich auf das Lernen spezialisiert haben und ihren praktischen Fähigkeiten mehr Aufmerksamkeit schenken. Die schlechte Wettbewerbssituation besteht in der Schaffung kurzfristiger Lehrstellen, der Vergrößerung der Lohnunterschiede und der Einführung eines Evaluierungsmechanismus. Man kann sagen, dass die Reform des deutschen Professorensystems ein sanfter und schrittweiser Prozess ist, nicht eine totale Negation der Tradition, sondern ein positiver Aspekt der Vererbung und Fortführung des traditionellen Professorensystems, die Etablierung des akademischen und sozialen Status der Fach-Führungskräfte, die Stabilisierung des Teams der Fach-Führungskräfte und eine wichtige Rolle bei der Gewährleistung der Qualität der Hochschulbildung. Die Einführung des Wettbewerbsmechanismus soll die Trägheit und den Mangel an Fortschritten beseitigen, die durch den Mangel an Wettbewerb im Professorensystem leicht zu züchten sind, und gleichzeitig Raum für die Entwicklung herausragender junger akademischer Talente schaffen und das deutsche akademische Talentteam stabilisieren.

2.3.3.2 Reform des Lohnsystems

Das gegenwärtige Lohnsystem in Deutschland hat die offensichtlichen Merkmale der „eisernen Reisschale ". Nach deutschem Recht ist die Identität der Hochschullehrer Beamte, und der soziale Status der Lehrer ist hoch. Der Staat formuliert einheitliche Lohnstandards, der Staat gibt einheitliche Löhne aus, und das berufliche Einkommen ist stabil. Im Prinzip sollten die Lehrer nicht entlassen werden. Sie brauchen keine Arbeitslosenversicherung und keine Krankenversicherung zu bezahlen und erhalten relativ günstige Gehälter. Nehmen Sie z.B. die Professoren an. Die Professoren erhalten ein C-Gehalt, das in 15-Klassen unterteilt und alle zwei Jahre automatisch zu einer Lohnklasse befördert wird. Darüber hinaus erhalten die Professoren Sondervergütungen für die Ernennung oder Beförderung. Nach dem Gehalt deutscher Professoren zu urteilen, berücksichtigt das Gehalt der deutschen Hochschullehrer nicht die Qualität der Lehrerarbeit, die Leistung und den Beitrag der Lehrkräfte selbst, spielt nicht die Anreizrolle des Gehaltssystems für Lehrer und wird von allen Aspekten kritisiert und bestritten. Die folgende Tabelle zeigt den Rang und das Gehalt der Professoren an deutschen Universitäten.

Tabelle 2　Ebene und Anzahl der Professoren in deutschen Hochschulen

Qualität der Professoren Art der Schule	C2	C3	C4	Insgesamt
Hochschule	4501	6781	0	11293
Universitäten und Colleges auf dem gleichen Niveau	1989	7732	11317	21030
Insgesamt	6489	14499	11317	32305

Tabelle 3　L der Professoren in deutschen　Hochschuleinrichtungen (ohne Familienbeihilfe) (Einheit:Marke)

Höhe der Löhne Dienstgrad der Arbeit	Lohn auf der sechsten Ebene (etwa 31 Jahre alt)	Gehälter auf Ebene 11 (etwa 41 Jahre alt)	Lohn bei 15-jähriger Dienstzeit (etwa 49 Jahre alt)
C2	6214	7572	8655
C3	6883	8419	9647
C4	8337	9882	11116

Um diese Situation zu ändern, hat die deutsche Regierung das Lohnsystem von Hochschulen und Universitäten reformiert, eine flexible Lohnstruktur auf der Grundlage des Wettbewerbs geschaffen und den Lohn in feste Löhne und variable Löhne unterteilt. Die Lohnklasse ist mit der Arbeitsergebnisse und dem tatsächlichen Beitrag (Leistung) der Lehrer und der Postverantwortung der Lehrer verknüpft. Das neue Gehaltssystem beseitigt auch die Praxis der Förderung eines Gehalts alle zwei Jahre und die Zulage im Zusammenhang mit der Ernennung und Beförderung von Professoren.Von der Leistung geleitet, sollten Anstrengungen unternommen werden, um die Behandlung der Professoren zu verbessern, die Unterschiede zwischen Hochschul- und Hochschulprofessoren in ihren Positionen und Gehältern zu beseitigen, dasGehaltsniveauzuvereinheitlichen,einenfairenWettbewerbzuschaffen,das flexible Leistungseinkommen zu erhöhen, das tatsächliche Einkommen der Professoren zu verbessern und die Begeisterung der akademischen Mitarbeiter zu stimulieren. Darüber hinaus sollten wir die berufliche Mobilität zwischen Hochschulen, außeruniversitären Forschungseinrichtungen und Unternehmen stärken, damit sich die Professoren frei zwischen den drei Institutionen bewegen können. Das Hauptziel ist es, den Status staatlicher Beamter und die entsprechende soziale Behandlung der schwebenden Professoren zu erhalten. Egal in welcher Art von Beruf sie sich engagieren, der Leistungsgehalt der Löhne wird stark erhöht.

Aus der Reform des Personal- und Lohnsystems in Deutschland ist nicht schwer festzustellen, dass das Konzept des Wettbewerbs und der Effizienz im Kontext der traditionellen Hochschulkultur in Deutschland eingeführt wurde, die sich allmählich internationalen Praktiken nähert und der Entwicklung von Einzelpersonen, Schulen und Akademikern förderlich ist. Aufgrund der Einschränkungen traditioneller und realistischer Bedingungen gibt es jedoch auch einige Widersprüche. Erstens, da die Reform in gewissem Maße das Misstrauen der Professoren durch politische Entscheidungsträger widerspiegelt, kann sie Professoren zur Sorge über ihre Karriere und ihre akademische Zukunft veranlassen. Zweitens sind die finanziellen Investitionen der Regierung nicht gestiegen, aber es gibt einen Trend der Kompression. Die Gehälter der Lehrer wurden nicht wesentlich erhöht, was nicht dazu beiträgt, Talente anzuziehen, die Begeisterung der Lehrer zu mobilisieren und die Arbeitseffizienz zu verbessern. Deshalb ist die Lösung dieser Widersprüche ein Problem, mit dem sich das deutsche Hochschulpersonal und die Lohnreform auseinandersetzen müssen.

3. Strukturelle Reform der Hochschulbildung in Deutschland

3.1 Strukturanpassung der Universitäten nach der Kombination von Ost– und Westdeutschland

In den 1990er Jahren wurden die beiden Deutschlands vereint, das ehemalige Ostdeutschland wurde in fünf Staaten aufgeteilt und in den deutschen Bund fusioniert. Alle Arten von Systemen sollten im Modell des ehemaligen Westdeutschlands vereint werden. Große und tiefgreifende Veränderungen haben in sozialen, wirtschaftlichen, kulturellen, bildungspolitischen und anderen Aspekten stattgefunden. Im Zuge der

Hochschulanpassung in Ostdeutschland wurden folgende Maßnahmen ergriffen:

Erstens wird das neue staatliche Bildungssystem im ursprünglichen westdeutschen Modell vereinheitlicht. Das ehemalige zentralisierte Management-System im Rahmen der Planwirtschaft in Ostdeutschland wurde in den für das ehemalige Westdeutschland-System geeigneten Verwaltungsmodus des Hochschulkulturföderalismus umgewandelt. Die fünf neuen Bundesländer haben den einheitlichen und starren Modus in der Vergangenheit in Bezug auf das College-Layout oder die berufliche Einstellung verändert, indem sie im Wesentlichen ihre spezifischen Zustandsbedingungen widerspiegeln und sich an sie anpassen und der Marktnachfrage entsprechen. In Bezug auf Lehre und akademisches Management haben wir die Autonomie der Hochschulen und Universitäten und das Wahlrecht der Studierenden gestärkt, so dass Lehre und wissenschaftliche Forschung schrittweise vereinheitlicht werden.

Zweitens haben wir das Layout und die Spezialisierung von Hochschulen und Universitäten angemessen angepasst. Die 54-Universitäten in der ehemaligen DDR sind ungleichmäßig verteilt, was erhebliche Unterschiede zwischen Norden und Süden mit sich bringt. Auch das Fachgebiet unterscheidet sich sehr von dem in Westdeutschland, das nach der Wiedervereinigung nur schwer den Erfordernissen der politischen, wirtschaftlichen und kulturellen Integration gerecht werden kann. Um diese Situation zu ändern, wurden folgende Maßnahmen zur Anpassung der Hochschulstruktur ergriffen: die Einrichtung einer neuen Universität in dem Gebiet, in dem es keine umfassende Universität oder Technische Universität gibt. Die Einrichtung eines Kollegiums, das auch die Art der Universität ist, die im ostdeutschen Raum fehlt: den Aufbau spezialisierter Hochschuleinrichtungen, die Hinzufügung neuer Fachrichtungen oder die Umstellung auf mehrere Disziplinen oder die Zusammenführung in andere umfassende Universitäten. Darüber hinaus wurden große Anpassungen an der Struktur und dem Inhalt der Hochschulkurse vorgenommen, und einige neue Sozialwissenschaften wurden hinzugefügt, wie z.B. Recht, Volkswirtschaft usw. Darüber hinaus wurden viele spezielle Akademien in der ehemaligen DDR aufgelöst, und einige von ihnen wurden von Universitäten angestellt, die die wissenschaftliche Forschungskraft der Universitäten gestärkt und die Strukturreform der Akademien in der Übergangsphase gelöst haben.

Drittens sollten wir das Personal straffen, damit das Lehrpersonal verfeinert werden kann. Die Beschäftigten müssen sich erneut um die Stelle bewerben und die Prüfung der Persönlichkeit und der beruflichen Fähigkeiten akzeptieren. Ziel der Personalbewertung ist es, die Universitätsfakultät und Mitarbeiter zu eliminieren, die in der Vergangenheit mit dem Nationalen Sicherheitsbüro Ostdeutschlands verwandt waren und dort gearbeitet haben, und ihre fachlichen Kenntnisse und akademischen Fähigkeiten zu untersuchen, vor allem um die Einflussfaktoren der Politik auf die Wirtschaft in den ehemaligen ostdeutschen Universitäten zu eliminieren, damit die wirklich fähigen Menschen in der Wirtschaft Beschäftigungs- und Entwicklungsmöglichkeiten erhalten können.

Viertens sollten wir entsprechend den sozialen Bedürfnissen die Integration der Hochschulen stärken. Einige Staaten haben Vorschläge für die Einrichtung umfassender Universitäten vorgelegt, um die Hochschuleinrichtungen enger miteinander zu verknüpfen.Gleichzeitig versuchen wir, den „dual system "-Bildungsmodus einzuführen, der von Unternehmen und Schulen gemeinsam gehalten wird und nur auf Sekundarstufe II liegt, in das Hochschulsystem einzuführen, um die Fähigkeit der Hochschulbildung zu stärken, der Gesellschaft zu dienen. Obwohl die Reform der Hochschulbildung nach der Kombination von Ost- und Westdeutschland einige Hindernisse und Schwierigkeiten bei der ersten Umsetzung traf, hat sie mit der Entwicklung der Zeit und der Vertiefung der Reformen bemerkenswerte Ergebnisse erzielt. Die Mittel wurden besser genutzt, die Struktur scheint vernünftig zu sein und die Unterrichtsqualität wurde verbessert. Durch die Popularisierung der Hochschulbildung in den 70er Jahren hat sich die Überlastung der westlichen Hochschulen und Universitäten, die hohen Lebenshaltungskosten und die engen Unterbringungsmöglichkeiten erheblich auf den normalen Unterricht ausgewirkt. Nach der Vereinigung der beiden Tugenden gingen viele Studenten in die westliche Region, um nach der Graduierung zu studieren, was zum Teil den Druck der westlichen Universitäten verringerte.

3.2 Einrichtung und Entwicklung von Hochschulen und Berufsschulen

Aufgrund des Einflusses seiner traditionellen Kultur hat sich die deutsche Hochschulbildung stets an das Humboldt-Prinzip gehalten, das für die Einheit der Lehre und der wissenschaftlichen Forschung eintritt, die Forschung fördert, die Anwendung der Wissenschaft ignoriert und das Elite-Hochschulsystem befürwortet. Nach dem Zweiten Weltkrieg wurde jedoch das konservative Hochschulsystem und -konzept Deutschlands angesichts der steigenden Nachfrage nach Hochschulbildung und der sich verändernden Situation im In- und Ausland angegriffen und kritisiert. Um sich an die Entwicklung und den Wandel der wirtschaftlichen, politischen und sozialen Situation anzupassen, hat die deutsche Hochschulbildung seit den sechziger Jahren „den zweiten Bildungsweg " eröffnet und eine neue Art der Hochschulbildung (höhere Berufsschule) etabliert, die die ursprüngliche Ingenieurschule, das College und das Industrial Design Berufliche Hochschulwesen, das Sozialfürsorgecollege und die wirtschaftliche Berufsschule verändern soll. Um die regionale Verteilung von Hochschulen und Universitäten jedoch vernünftiger zu gestalten, wird die Situation verändert, dass die ursprünglichen Hochschulen und Universitäten überwiegend in großen und mittleren Städten konzentriert sind und einen Beitrag zur regionalen wirtschaftlichen Entwicklung leisten, wurden solche Schulen eingerichtet. Aufgrund seines kleinen und kurzen Lernsystems hat sich das System rasch entwickelt. Bis 1975 hatte es 136 erreicht. 2001 gab es 249 Junior Colleges in Deutschland, die für 59% der Universitäten verantwortlich sind. Colleges und Universitäten zielen auf die Ausbildung anwendungsorientierter Hochschultalente ab. Absolventen werden von der Wirtschaft allgemein begrüßt und von allen Bereichen der Gesellschaft anerkannt. Im Jahr 1992 erkannte die Europäische Union offiziell an, dass sie dem Hochschulstandard der Europäischen Union entspricht. Derzeit haben Hochschulen und Universitäten zusammen mit gewöhnlichen Universitäten ein neues Hochschulsystem geschaffen. Die Berufsschule ist eine andere Art der Hochschulbildung mit Ausnahme von Universitäten und Hochschulen. Sie ist die Erweiterung und Entwicklung des „Dual System " Modus im Bereich der Hochschulbildung, und sie ist eine typische berufliche

Hochschuleinrichtung. Die berufsbildenden Hochschulen schulen vorwiegend angewandte Talente, die sich mit Produktion, Management und Ausbildung in den Bereichen Technologie, Wirtschaft oder soziale Arbeit beschäftigen.Nachdem deutsche Ingenierschulen und Fachhochschulen in den 70er Jahren auf Universität umgestellt wurden, gab es eine Lücke im Beschäftigungsniveau, vor allem aufgrund des Mangels an anwendungsorientierten Spitzentechnologien, Management- und Servicetalenten, vor allem im Bereich der Technologie. Das ursprüngliche Bildungssystem konnte eine große Anzahl solcher Berufstalente nicht mit einer Verbindung zwischen dem vorhergehenden und dem folgenden fördern. In Deutschland gab es bis 2001 38-mal Berufsschulen. Die Einrichtung von deutschen höheren Berufsschulen und Berufsschulen übernimmt die Ausbildung von High-Level-Talenten als ihre eigene Pflicht, um die Mängel des traditionellen Hochschulelitemodells wirksam auszugleichen. Solche Schulen weisen direkt auf die Marktnachfrage und die grundlegenden Bedürfnisse der sozialen und wirtschaftlichen Entwicklung hin. Lehre hat eine starke Praxisnähe und hebt die Anwendung und Entwicklung der Technologie hervor, die dem Aufstieg der deutschen Wirtschaft nach dem Krieg entspricht und entspricht, passt sich der rasanten Entwicklung von Wissenschaft und Technik an und fördert gleichzeitig die Popularisierung der Hochschulbildung und hat einen enormen Einfluss auf die dringenden Bedürfnisse von Unternehmen und anderen Arbeitgebern. In der Vergangenheit wurde die konsequente Praxis der sozialen und wirtschaftlichen Fragen, die Professoren mit akademischen Privilegien nicht interessiert, verbessert, und das Muster des eigenen schwierigen Kontakt der Universität mit der Gesellschaft wurde geändert, um die Universität näher an die Gesellschaft zu machen und der Gesellschaft zu dienen. Derzeit gibt es ein Phänomen der blinden Verfolgung der Hochschulbildung und der Nichtbeachtung der praktischen Anwendung in China. Höhere Berufsschulen und Berufsschulen in Deutschland befürworten jedoch die gleichen Werte der allgemeinen und beruflichen Bildung, die Achtung der Entwicklung der menschlichen Persönlichkeit, entsprechen der Nachfrage nach sozialer Entwicklung der Talente und fördern effektiv die wirtschaftliche Entwicklung, die unsere Reflexion und Referenz wert ist.

3.3 „Elite plan " umsetzen und „Elite university " bauen

Um den Wissenschaftsstatus Deutschlands zu stärken, die High-End-Forschung deutscher Universitäten zu erweitern und die internationale Wettbewerbsfähigkeit deutscher Universitäten im Zeitalter der Globalisierung zu verbessern, plant die deutsche Regierung, 1.9 Milliarden Euro für den Start des „Eliteplans " auszugeben, der zunächst von der Bundesregierung der Red-Green-Alliance im Jahr 2004 vorgeschlagen wurde. Das „Elite-Programm " folgt vor allem drei Hauptförderlinien, nämlich Doktoranden, Elite-Cluster und Elite-Universitäten. Der Promotionsstudienplan soll eine Ausbildungsbasis für wissenschaftliche Forschungsreserveformkräfte schaffen. Für die Jugendlichen, die ihre akademische Laufbahn gewählt haben, bieten die Doktoranden gute Bedingungen. Nach dem Plan erhalten insgesamt 40-Doktoranden mit insgesamt 40-Millionen Euro pro Jahr, d.h. jede Schule erhält durchschnittlich eine Million Euro pro Jahr. Der Zweck der Einrichtung des Elite-Cluster-Förderprogramms ist es, herausragende Zentren in bestimmten Disziplinen zu unterstützen, um die neuesten wissenschaftlichen Forschungsprojekte von Universitäten und akademischen Institutionen nachhaltig zu entwickeln und so die Zusammenarbeit zwischen Universitäten und anderen Institutionen als Universitäten zu betonen. Nach dem Plan werden insgesamt 30-Elite-Cluster mit einem Gesamtbetrag von 195 Millionen Euro pro Jahr, d.h. einem Durchschnitt von 6.5 Millionen Euro pro Jahr, finanziert. Elite-Universitäten betonen die wissenschaftlichen Forschungsmerkmale der Universitäten. Fünf Hochschulen werden im ganzen Land ausgewählt und durch Schlüsselfinanzierung in „Elite-Universitäten " in Deutschland integriert. Die Auswahl erfolgt in zwei Runden. In der ersten Runde wurden zehn Colleges und Universitäten ausgewählt, während in der zweiten Runde die letzten fünf aus der ersten Runde der Kandidaten ausgewählt wurden. Die für die Auswahl zuständige Jury setzt sich aus Experten aus dem In- und Ausland zusammen. Die ausgewählten Universitäten sollten nicht nur den laufenden Plan zur Erstuniversität vorlegen, sondern auch geeignete Forschungseinrichtungen und Unternehmen als Partner suchen. Die fünf ausgewählten Universitäten erhalten jährlich für fünf aufeinanderfolgende Jahre von 2006 50

Millionen Euro von Sonderzuschüssen der Regierung. Der Finanzierungsbereich ist vor allem die wissenschaftliche Forschung und die Ausbildung von wissenschaftlichen Reservekanten mit großer Bedeutung. Bis 2010 hatte die Bundesregierung 250 Millionen Euro für die ersten Elite-Universitäten vorgesehen. Voraussetzung für die Bewerbung ist, dass die Universität mindestens ein akademisches Elite-Zentrum mit internationalem Ruf, eine Doktorandenschule und eine überzeugende Gesamtentwicklungsstrategie hat. Man kann sehen, dass die Bewertung von Doktoranden und Elite-Clustern hauptsächlich auf der Qualität der wissenschaftlichen Forschung, der interdisziplinären Ebene, der internationalen Popularität und der regionalen wissenschaftlichen Forschungskraft der Bewerberinstitutionen basiert. Auf der Grundlage der ersten beiden wichtigsten Finanzierungslinien wird der wissenschaftlichen Forschungskraft der Universitäten, den Besonderheiten und Einflüssen in verschiedenen Disziplinen und der Gesamtentwicklung in den letzten Jahren mehr Aufmerksamkeit gewidmet und schließlich eine erstklassige Universität aufgebaut, die mit anderen berühmten Universitäten in Europa und den Vereinigten Staaten konkurrieren kann.

In Deutschland hat der Plan zur Errichtung einer „Elite-Universität " Kontroversen und starke Auswirkungen in der deutschen Hochschulbildung, Gesellschaft und politischen Parteien ausgelöst. Zu diesem Zweck unterstützen und unterstützen Colleges und Forscher aktiv, und einige berühmte Colleges und Universitäten sind darauf erpicht, es zu versuchen. Denn für jede deutsche Universität ist insgesamt 250 Millionen Euro in fünf Jahren ein sehr attraktiver Fonds, der dazu verwendet werden kann, erstklassige Wissenschaftler einzustellen, experimentelle Ausrüstung zu aktualisieren, die Bildungsumgebung zu verbessern usw.In diesem Zusammenhang ist gettgens, der Vorsitzende der gemeinsamen Konferenz deutscher Hochschulpräsidenten, der Ansicht, dass die Idee der Einführung eines Wettbewerbsmechanismus und der Schaffung einer erstklassigen Universität grundsätzlich positiv, aber unrealistisch ist. Weil die Elite-Universitäten in den Vereinigten Staaten auf der Grundlage von Jahrzehnten der Entwicklung zu einem enormen Preis gebaut werden. Verglichen mit der positiven Einstellung der Universität sind verschiedene politische Parteien, auch die Mitglieder der Deutschen Sozialdemokratischen Partei, gegen den Plan. Sie glauben, dass die „Elite-Universität " nicht die sozialdemokratische Bewegung ist, auf die die Sozialdemokratische Partei besteht. Selbst wenn eine Universität mit der gleichen Trumpf-Karte wie die Harvard-Universität errichtet wird, kann sie die Probleme und Nachteile des deutschen Hochschulsystems nicht lösen. Die beiden großen politischen Parteien Deutschlands, die CDU und die FSU, haben die Bedeutung des Programms „Elite University " in Frage gestellt. Sie glauben, dass die deutschen „Elite-Universitäten " bereits existieren, wie etwa die Aachener Technischen Universität, die Universität München und die Universität Bremen usw. Derzeit mangelt es an deutschen Universitäten. Die sozialdemokratische Partei schlug plötzlich den „Eliteuniversitätsplan " vor, um die Aufmerksamkeit der Menschen von den fatalen finanziellen Schwierigkeiten deutscher Universitäten abzulenken.Westweller, Vorsitzender der Liberal-Demokratischen Partei, glaubt, dass der Bildungsplan der SPD eine politische Vertuschung ist. Was das deutsche Bildungssystem derzeit braucht, ist mehr Autonomie und Autonomie als die sogenannte „Elite-Universität ".

Trotz der Kontroverse ist der Plan noch im Gange. In dieser „Elite-Universität " Auswahl haben 22-Universitäten in die Reihen der Kandidaten aufgenommen, und zehn Universitäten sind in die Endrunde der Auswahl eingetreten. Schließlich haben die Universität Karlsruhe, die Universität München und die Technik der Universität München die erste Runde der „Elite-Universitäten " Titel gewonnen. Neben dem Titel „Elite-Universität " wählte der Auswahlausschuss auch 18-Doktoranden und 17 ausgezeichnete wissenschaftliche Forschungseinrichtungen für Forschungsförderung. Von 2007 bis 2011 werden insgesamt 1.9 Milliarden Euro von wissenschaftlichen Forschungsfonds an die oben genannten Universitäten und Wissenschaftsabteilungen verteilt, was zeigt, dass die Reform der deutschen Universitäten einen wichtigen Schritt in Richtung des „Elitesystems " gemacht hat.

Der „Eliteplan " wird zweifellos die egalitäre Situation der deutschen Universitäten durchbrechen. Unter der Garantie von Politik und Mitteln wird er Elite-Universitäten aufbauen und die Bedingungen schaffen, um mit Weltklasse-Universitäten aufzuholen. Im Kontext der Globalisierung ist es von positiver praktischer Bedeutung, die internationale Wettbewerbsfähigkeit der deutschen Universitäten zu verbessern, um den internationalen Einfluss Deutschlands zu verbessern. Aber wir sollten uns auch darüber im Klaren sein, dass es nicht eine Übernachtungsaufgabe ist, eine Weltklasse-Universität zu bauen. Alle Bereiche der Deutschen Gesellschaft reagierten stark auf die Ergebnisse. Politiker denken, dass Experten nicht mit ihnen im Auswahlverfahren kommunizieren, sondern direkt die Ergebnisse der Auswahl erhalten, unabhängig von der regionalen Ausgewogenheit, die Politiker wollen. Die akademische Gemeinschaft gibt die Auswahlkriterien als zu einheitlich an und achtet nicht auf Geisteswissenschaften, Sozialwissenschaften und andere Disziplinen. Die Studenten geben den im Plan für wissenschaftliche Forschung und nicht für Lehre bereitgestellten zusätzlichen Mitteln die Schuld, was schwierig ist, den Unterricht zu garantieren. Die Qualität wird verbessert. Die Öffentlichkeit denkt, dass Selektion wie „Talentshow " ist und der Goldgehalt der Elite-Universitäten reduziert wird. In Anbetracht einer Reihe von Problemen, die seit der Einführung des Plans bestehen, ist der Autor der Ansicht, dass die Umsetzung des „Eliteplans " in Deutschland in folgenden Aspekten berücksichtigt werden muss:

Erstens, was die Kapitalanlage betrifft, obwohl es einen erheblichen Anstieg gegeben hat, ist sie im Vergleich zu einigen der Top-Universitäten in den Vereinigten Staaten nach wie vor unzureichend. Die Studiengebühren und Spenden sind wichtige Geldquellen für die renommierten amerikanischen Universitäten. Auf der Basis der freien Politik in Deutschland können wir uns nur über diesen Teil der Mittel wundern. Darüber hinaus erhalten amerikanische Universitäten eine große Menge an Spenden von Unternehmen und Alumni-Vereinigungen, während deutsche Universitäten sehr wenig Mittel erhalten. Für jede erstklassige Universität ist es schwierig, eine hohe Qualität ohne große Investitionen zu garantieren.

Zweitens ist auch die Qualität der Studierenden eine wichtige Voraussetzung, um die hohe Qualität der Universität zu gewährleisten. Die deutschen Universitäten verfügen über kein strenges Auswahlsystem, außer für Majors mit beschränkter Auswahl. In den Vereinigten Staaten ist die Voraussetzung für den Eintritt in Top-Universitäten ausreichend ausgezeichnet zu sein, einschließlich Highschool-

Scores, Empfehlungsbriefe, Interviews usw. Auch die verschiedenen Fähigkeiten der Studenten werden berücksichtigt, wie Musik, Kunst, Sport usw. In Deutschland wählen Studierende Universitäten, die keine absolute Autonomie bei der Auswahl der Studierenden haben. .

Drittens müssen die deutschen Universitäten ihre Internationalisierung verbessern, nicht nur um ihre eigenen Eliten zu erhalten, sondern auch um internationale wissenschaftliche Eliten anzuziehen. Amerikanische Universitäten ziehen eine große Zahl von Doktoranden, jungen Wissenschaftlern und Professoren mit verschiedenen Stipendien und günstigen Bedingungen an, darunter wissenschaftliche Eliten aus Deutschland. Darüber hinaus müssen die Universitäten über ausreichende Autonomie und Unabhängigkeit verfügen. Amerikanische private Universitäten sind nur für Studenten und Professoren verantwortlich. Keine Abteilung oder Gesetz schränkt die Entwicklung einer Universität ein. Das Einzige, was ein Universitätsvorstand tut, ist seine Finanzen zu überwachen und seinen Präsidenten zu wählen. Der Präsident einer Universität ist oft ein „Manager und Entscheider ", der finanzielle Mittel an die Universität bringen kann. Die Unabhängigkeit und Autonomie der deutschen Universitäten kann nicht mit der der amerikanischen berühmten Universitäten verglichen werden.

Viertens sollte Deutschland „Elite-Universitäten " aufbauen und auf die Entwicklung anderer Universitäten achten. Wir sollten die regulären Mittel anderer Universitäten nicht mißbrauchen, um Elite-Universitäten zu bauen und damit die Gründung dieser Universitäten zu schwächen. Für die gescheiterten Universitäten sollten wir sie wie immer aktiv leiten und unterstützen, damit ihr Ruf nicht schwindet, einen Teufelskreis entsteht, der der Schaffung eines gerechten sozialen Bildungssystems nicht förderlich ist, und das Prinzip der Bildungsgerechtigkeit, dem Deutschland immer große Bedeutung beigemessen hat, verletzt wird. Seit langem legt Deutschland großen Wert auf die Entwicklung von Disziplinen, die nicht nur den Gesetzen der wissenschaftlichen Entwicklung entsprechen, sondern auch dazu beitragen, die Kreativität und Vitalität bestimmter Forschungsstufen zu verbessern und damit die Gesamtkraft der Universitäten zu verbessern. Unter der Situation des Aufbaus einer

„Elite-Universität " sollten wir dem Aufbau von Disziplinen große Bedeutung beimessen. Einige deutsche Präsidenten haben die Frage des Hochschulrangs wie folgt beantwortet: Ich weiß, welche Universität die größte ist, aber ich weiß nicht, welche Universität die beste ist. Ich kann Ihnen das stärkste Fach in unserer Schule sagen. Tian Changlin, ehemaliger Präsident der University of California Berkeley, sagte: „Schulen in der Welt, die rapide steigen, sind die ersten, die Durchbrüche in einem oder zwei Bereichen zu machen. Da es für eine Schule unmöglich ist, die Weltklasse in vielen Bereichen gleichzeitig zu erreichen, muss sie Priorität haben, und sie muss Wege finden, die besten und vielversprechendsten Disziplinen zu unterstützen und sie in die besten der Welt zu verwandeln. " Tian Changlin wies ferner darauf hin: „Wenn Sie sicher sind, dass Sie eine große Weltklasse machen wollen, lassen Sie jede Disziplin mit ihr zusammenarbeiten. " Obwohl diese Auffassung nicht umfassend sein mag, spiegelt sie mindestens eine Wahrheit wider: erstklassige Universitäten müssen erstklassige Disziplinen haben, und die Sammlung vieler erstklassiger Disziplinen bildet erstklassige Universitäten. Diese Ansichten sollten eine sehr erhellende Rolle beim Aufbau einer „Elite-Universität " in Deutschland spielen.

4. Reform des Finanzsystems der Hochschulbildung

Angesichts der Probleme im oben genannten Investitionssystem haben die Bundesregierung, die Gesellschaft und der Hochschulsektor seit Mitte der 90er Jahre eine Reihe wichtiger Reformmaßnahmen ergriffen. Diese Reformmaßnahmen haben eine gewisse Rolle bei der Linderung des Mangels an öffentlichen Mitteln für die Hochschulbildung und bei der Verbesserung der Ausschöpfung öffentlicher Mittel gespielt.

4.1 Reform des Bildungssystems

Angesichts der Probleme im oben genannten Investitionssystem haben die Bundesregierung, die Gesellschaft und der Hochschulsektor seit Mitte der 90er Jahre eine Reihe wichtiger Reformmaßnahmen ergriffen. Diese Reformmaßnahmen haben eine gewisse Rolle bei der Linderung des Mangels an öffentlichen Mitteln für die Hochschulbildung und bei der Verbesserung der Ausschöpfung öffentlicher Mittel gespielt.

Erstens müssen wir die Art und Weise ändern, wie wir die Mittel verteilen und uns auf die Leistung konzentrieren. Bei der Revision des allgemeinen Hochschulrechts wurden insbesondere neue Inhalte hinzugefügt: „Die Finanzierung der nationalen Hochschuleinrichtungen wird von ihren Leistungen in Forschung, Lehre und Förderung der wissenschaftlichen Reservekanten geleitet. " Gleichzeitig sollten wir auch die Fortschritte der Hochschulen bei der Verwirklichung gleicher Aufgaben berücksichtigen. (Artikel 5) Sein Wesen besteht darin, die auf der Leistung von Hochschulen und Universitäten beruhende Art der staatlichen Mittel einzuführen, das System der Leistungsbewertung zu formulieren und anzuwenden. Zu den spezifischen Indizes gehören die Zahl der Studierenden in der Schullaufzeit, die Zahl und der Anteil derjenigen, die rechtzeitig einen Abschluss machen, der Anteil des Einkommens aus nichtstaatlichen Quellen, die Zahl der Doktorarbeiten, die Zahl der Patente, das Einkommen aus sozialen Dienstleistungen usw. Die Ergebnisse der Lehre und der wissenschaftlichen Forschung und die Ausbildungsqualität der Studierenden an Hochschulen und Universitäten werden als variable Indizes für staatliche Mittel angesehen, um die Elastizität der Mittel zu erhöhen. Die Hochschulen werden durch die Stärkung der komparativen Vorteile nach Mitteln streben, und die Hochschulen werden in die wirksamsten Einheiten und Tätigkeiten investiert.

Zweitens sollten wir die Transparenz des Zuteilungsprozesses verbessern, die Zuteilungsstruktur optimieren und das Vertrauen der Öffentlichkeit in die Zuweisung und Verwendung von Mitteln stärken. Versuchen Sie, den Umfang und das Ausmaß des Pakets von Mitteln anzunehmen und zu erweitern, die Mittel von „Black-Box-Operation " auf „White-Box-Operation " zu ändern, die Mittel für Lehrmittel und wissenschaftliche Forschungsfonds zu reformieren und wettbewerbsfähigere Mittel und Output-Mittel werden für wissenschaftliche Forschungsfonds verwendet. Im Falle relativ knapper öffentlicher Mittel für die Hochschulbildung, da außeruniversitäre Abteilungen wie Colleges und Berufsschulen kürzere Lernzeit und niedrigere

Kosten pro Student haben als Universitätsabteilungen, ist die Zuweisung von mehr öffentlichen Mitteln für die Hochschulbildung an außeruniversitäre Departements der kontinuierlichen Ausweitung der Hochschulbildung und der Verbesserung der Effizienz förderlich.

Drittens sollten die Bundesregierung und die staatliche Regierung ihre Interventionen in Hochschuleinrichtungen reduzieren und die Finanzierung, Verwaltung und Nutzung der Autonomie der Hochschulen weiter ausbauen. Die Hochschulen und Universitäten können über freie Mittel verfügen und diese frei kontrollieren und nutzen, um die Flexibilität der Fondsverteilung zu erhöhen und die Effizienz der Fondsverwendung zu verbessern. Nehmen Sie zum Beispiel die Mannheim Universität Baden Württemberg. Wenn die staatlichen Finanzmittel der Universität in einem Pauschalbetrag zugewiesen werden, werden sie in zwei Teile unterteilt: der erste Teil ist die Basisfinanzierung. Die Basisfinanzierung, einschließlich der Gehälter für das Personal und der für den Infrastrukturbau erforderlichen Mittel, wird von Professoren (Forschungsinstituten und anderen Basiseinheiten) nach ihren Aufgaben und Betriebskosten verteilt und kontrolliert. Der zweite Teil betrifft die Finanzierung. Die Sonderfinanzierung verteilt die Mittel vor allem auf die einzelnen Hochschulen nach der Höhe der Mittel des dritten Kanals, die jedes Kollegium anstrebt, nach der Zahl der Studierenden innerhalb der regulären Schuldauer und der Zahl der Absolventen. Der Fonds nimmt auch die Methode der „Pauschalfinanzierung " an, d. h. wenn die Schule den Fonds auf das Hochschulkonto überträgt, kann das Kollegium den Fonds unabhängig kontrollieren. Niedersachsen hat auch das System der Pauschalfinanzierung seit Januar 1. 2001 eingeführt. Alle Mittel sind nicht auf die Verwendung von Gegenständen beschränkt, und die restlichen Mittel können auf das nächste Jahr übertragen werden. Gleichzeitig vergibt der Staat die Mittel an die Universitäten nach den Errungenschaften der Lehre und der wissenschaftlichen Forschung und setzt einmalige Zahlungen ein.

Viertens, die Diversifizierung der Investitionskanäle verwirklichen. Eine der grundlegenden Gründe, die die Entwicklung von Hochschulen und Universitäten derzeit behindern, ist der gravierende Mangel an Bildungsmitteln. Das Phänomen, dass die Qualität der Hochschulbildung aufgrund des Mangels an Investitionen abnimmt, hat die allgemeine Aufmerksamkeit der Gesellschaft erregt. Mehr als 90% der deutschen Hochschulfonds werden von der Regierung investiert, was der Regierung großen Druck verleiht. Die Öffnung neuer Finanzierungsquellen, die Verbesserung der Lehrbedingungen, die Verbesserung der Qualität der Hochschulbildung und die Verbesserung der internationalen Wettbewerbsfähigkeit der Studierenden ist das schwierigste Problem bei der Reform der Hochschulbildung. Die Erhöhung der privaten Investitionen und die Aufnahme von Spenden, insbesondere die Erhöhung der finanziellen Unterstützung durch die Wirtschaft und die Europäische Union, kann nicht nur den Druck der Regierung erleichtern, sondern auch eine gute Atmosphäre schaffen, damit die Gesellschaft der Hochschulbildung große Aufmerksamkeit widmet, die nicht nur die Entwicklung der Hochschulbildung fördert, sondern auch den Bedürfnissen der Gesellschaft entspricht.

Fünftens sollten wir das Gebührensystem der Hochschulbildung ausprobieren. Obwohl die Studiengebühren in Deutschland eine große Kontroverse ausgelöst haben, wird die Idee, Studiengebühren zu erheben, in einigen Universitäten immer noch viel Resonanz finden. Einige Universitäten haben begonnen, den Studierenden eine bestimmte Anmeldegebühr und eine geringe Menge an verschiedenen Gebühren jedes Semester zu berechnen. Derzeit schlagen einige Universitäten mit der Universität München als Kernpunkt vor, dass die Studierenden mit entsprechenden Studiengebühren und verschiedenen Studiengebühren belastet werden, um die derzeitige Form der kostenlosen Schulbildung zu ändern, in der alle Bildungsmittel von der Regierung getragen werden. Nach einer Entscheidung des Bundesverfassungsgerichts von 26.Januar 2005 wurde das deutsche weite Verbot der Studiengebühren aufgehoben. Obwohl das Urteil des Bundesverfassungsgerichts verlangt, dass jeder Bundesstaat die soziale Erschwinglichkeit bei der Erhebung von Studiengebühren berücksichtigen muss, öffnet das Urteil auch die Tür für die Erhebung von Studiengebühren für die erste Universität in Deutschland. Nach dem Urteil haben viele Bundesländer eine Entscheidung getroffen, die Studiengebühren zu erheben. Die Studiengebühren sind in der Regel etwa 500 Euro pro Semester und die Studiengebühren für die zweite Universität sind viel höher. Laut der Website des Deutschen Akademischen

Austauschzentrums in Beijing hat die hessische Regierung kürzlich beschlossen, von 2007 an umfassende Studiengebühren einzuführen. Da viele Nachbarstaaten in Hessen, wie Bayern, Niedersachsen und Nordrhein-Westfalen Studiengebühren erheben werden, muss der Hessen die Studiengebühren folgen, andernfalls wird er Studierende aus den Nachbarstaaten für ein Studium in hessischen Staaten gewinnen, was die Kapazitäten der hessischen Universitäten übersteigen wird. Damit werden ab dem Wintersemester 08.2007 alle Hochschulen und Universitäten in Hessen für jedes Semester 500 Euro in Rechnung gestellt. Hamburg, Bayern, Baden-Württemberg, Nordrhein-Westfalen und Niedersachsen werden auch ab dem Sommersemester 2007 Studiengebühren sammeln, während der Staat Shihe ab dem Wintersemester 08.2007 beginnen wird. Der Staat Shihe bereitet derzeit einen Gesetzesentwurf vor, mit dem ab dem Wintersemester 08.2007 Hochschulgebühren eingeführt werden sollen.

Obwohl viele Staaten bereits das Gebührensystem eingeführt haben, haben die sich daraus ergebenden Streitigkeiten nicht beendet. Im Gegensatz zur positiven Gebührenhaltung von Hochschulen und Universitäten kommen die meisten Einwände von den Studenten, die Angst haben, ihr Studium nicht innerhalb der vorgeschriebenen Frist zu absolvieren, weil sie Studiengebühren zahlen müssen, insbesondere die Kinder aus armen Familien, die sich über die Auswirkungen der Studiengebühren auf ihr Studium Sorgen machen, so dass sie mehr Anstrengungen unternehmen müssen. Die Demonstration protestierte gegen die Gebührenpolitik der Regierung. In Deutschland ist das freie System seit fast vierzig Jahren implementiert und viele deutsche Bürger haben davon profitiert. Das System der Studiengebühren ist als soziale Wohlfahrt beliebt. Heutzutage ist es für die Menschen schwer, die traditionelle Gebührenpolitik zu akzeptieren. Es ist jedoch unbestreitbar, dass die Investitionen in die Bildung von Jahr zu Jahr aufgrund des wirtschaftlichen Abschwungs zurückgehen, was schließlich zu einem Rückgang der Bildungsqualität führt. Einerseits ist es schwer, den Status quo zu ändern, indem man sich an die Tradition hält und die Bildungsgerechtigkeit in größtem Maße sicherstellt. Andererseits ist es schwer, die Tradition der Entwicklung aufzugeben, aber es muss sich allen möglichen Fragen und Kritiken stellen, was ein Dilemma zu sein scheint. Wie man ein Gleichgewicht zwischen beiden findet, ist ein Problem, das die deutsche Hochschulbildung bewältigen und lösen muss. Der Autor ist der Ansicht, dass das Gebührensystem in der gegenwärtigen Situation der Globalisierung der Hochschulbildung im Rahmen der europäischen Integration zum allgemeinen Trend geworden ist. Erstens kann das Gebührensystem den Mangel an Bildungsressourcen verringern, der durch unzureichende Investitionen in die Bildung in gewissem Umfang verursacht wird, und die Qualität der Hochschulbildung gewährleisten. Zweitens entspricht das Gebührensystem der Entwicklung der internationalen Situation. Unter den Umständen, dass andere Länder, insbesondere die EU-Länder, die Gebührenpolitik grundsätzlich umsetzen, ist es förderlich für die Schaffung eines gerechten und gerechten Hochschulsystems und die Verwirklichung der europäischen Hochschulintegration. Drittens kann sie die Studierenden dazu ermutigen, ihr Studium innerhalb der vorgeschriebenen Frist zu beenden, Bildungsressourcen zu sparen, das Alter der deutschen Hochschulabsolventen zu verbessern und ihre Wettbewerbsfähigkeit auf dem Arbeitsmarkt zu verbessern. Schließlich können wir ein praktisches Stipendien- und Darlehenssystem schaffen, damit diese Studierenden ihr Studium reibungslos abschließen können. Wenn dieses Problem gelöst werden kann, wird die Einführung des Hochschulkostensystems in Deutschland immer noch mehr Vorteile als Nachteile haben. Gegenwärtig ist die Reform des Gebührensystems noch in Gang, und wir werden die Wirkung sehen.

4.2 Reform der Investitionen in die wissenschaftliche Forschung im Hochschulbereich

Im deutschen Forschungsförderungssystem gibt es drei grundsätzliche Probleme: Erstens kann nach den Bestimmungen des deutschen dualen Wissenschaftsfördersystems ein Teil der Lehrmittel der Universität für die wissenschaftliche Forschung verwendet werden, die Kapitalbaukosten und die entsprechende Ausrüstung, die mit den Lehrmitteln erworben wird, können gleichzeitig den Bedürfnissen der Lehre und der wissenschaftlichen Forschung dienen. Aber in den letzten Jahren unter der Bedingung der relativ konstanten Investitionskosten sind die Kosten für den Unterricht relativ erhöht, während die Kosten für die wissenschaftliche Forschung relativ reduziert werden. Dies wirkt sich negativ auf die Verbesserung der wissenschaftlichen Forschungskraft deutscher Universitäten aus. Zweitens sind die Institutionen und Organisationen für die Finanzierung wissenschaftlicher Forschung nicht gut. Es ist notwendig, dass Bund und Staaten die Zusammenarbeit und Koordinierung verstärken, um die wissenschaftliche Forschung gemeinsam zu finanzieren. Derzeit gibt es kein zentrales wissenschaftliches Forschungskomitee, das diese Koordinierungs- und Organisationsarbeit durchführt, und die meisten Universitäten haben keine ähnlichen Institutionen eingerichtet. Viele wissenschaftliche Forschungsprojekte, die Zusammenarbeit erfordern, fehlen an solchen Institutionen, um die Koordination zwischen Bund und Staat zu stärken. Drittens ist die Finanzierung öffentlicher Mittel für die Hochschulbildung für wissenschaftliche Forschungsprogramme in den Verfahren und Methoden der Makro-, Meso- und Mikroebene unzureichend. Auf der einen Seite kann eine Erhöhung der föderalen Forschungsmittel die Universitäten umgehen, die nicht in der Lage sein werden, ihre Position im Wettbewerb mit anderen Forschungseinrichtungen zu behaupten. Auf der anderen Seite, weil die wissenschaftliche Forschung mehr Human- und Kapitalinvestitionen benötigt, aber die Entwicklung der finanziellen Macht eines jeden Staates immer unausgewogener ist, wird es immer mehr Ungleichgewicht in den wissenschaftlichen Forschungsfonds und dem wissenschaftlichen Forschungsniveau jedes Staates und seiner Universitäten geben. Darüber hinaus ist der Anteil der wissenschaftlichen Forschungsmittel, die von Hochschulwissenschaftlern erhalten werden, auch unausgewogen, was die Entwicklung des Staates beeinflussen und die Matthew-Wirkung formen wird und einen Teufelskreis erschaffen.

Um diese Probleme zu lösen, hat Deutschland in den letzten Jahren entsprechende Reformen bei der Investition von Wissenschaftsfonds in die Hochschulbildung durchgeführt. Erstens basiert der Gedanke an deutsche Universitäten schon immer auf der Kombination von wissenschaftlicher Forschung und Lehre, doch mit dem Wechsel von der kleinen Wissenschaft zur großen Wissenschaft wird die wissenschaftliche Forschung immer konzentrierter. Wissenschaftliche Forschung und Lehre haben sowohl Einheit als auch Trennung. Aus dem gegenwärtigen Trend ist es notwendig, dass die wissenschaftliche Forschung relativ unabhängig und zentralisiert ist. Zu diesem Zweck hat sich der Anteil der Forschungszuschüsse aus wettbewerbsfähigen

Forschungsprogrammen in Deutschland erhöht, und die Bundesregierung und mehr und mehr Staaten ergänzen die Forschungszuschüsse durch zusätzliche Mittel (gemeinsame Forschungsfonds, Forschungsförderungsfonds). Zweitens sollten wir überregionale Institutionen einrichten, um die wissenschaftliche Forschungspolitik von Universitäten und Hochschulen, wie dem zentralen wissenschaftlichen Forschungsausschuss, wirksam zu koordinieren, um die Gesamtinteressen des Landes zu maximieren, Bundes- und Staatspartnerschaften zur Gewährleistung einer effektiven Hochschulforschung, zur Förderung wissenschaftlicher Talente und zum Aufbau und zur Erweiterung von Universitäten. Drittens sollten wir die föderalen Förderkanäle für Hochschuleinrichtungen vollständig öffnen, damit Universitäten und außeruniversitäre Forschungseinrichtungen fair miteinander konkurrieren können. Erhöhen Sie die Intensität der Forschungszuschüsse der Bundesregierung, um die Beteiligung der Universität an den kostspieligen Forschungsarbeiten zu gewährleisten, so dass sie qualitativ hochwertige Nachfolger in diesen Bereichen pflegen kann. Die Einrichtung des Transfersystems der Bundesregierung für staatliche wissenschaftliche Forschungsfonds, damit die staatlichen Universitäten, die den finanziellen Transfer erhalten, das gleiche Niveau der wissenschaftlichen Forschung mit jenen Universitäten halten können, die eine große Menge an Mitteln benötigen. Wir sollten die wissenschaftliche Forschung und die Ausbildung des wissenschaftlichen Personals so weit wie möglich unterstützen, um die notwendige Spannung zwischen wissenschaftlicher Forschung und Lehre zu gewährleisten. Viertens: „Stärkung der Führungsrolle von Drittmitteln ". Der Staat hat einen Plan, Forschungsmittel von nichtstaatlichen Organisationen als einen wichtigen Teil der wissenschaftlichen Forschungsfonds an Universitäten zu verbinden, um Wissenschaftler zu fördern, angewandte Forschung durchzuführen, die mit dem Zweck der Mittel im Einklang steht, während sie diese Mittel beantragen.

4.3 Reform des Fördersystems für Studierende

Seit den 90er Jahren gibt es eine Reihe von Problemen, die im deutschen Hochschulför-derungssystem gelöst werden müssen. Erstens schwächt der Rückgang der finanziellen

Unterstützung für Studierende die Fähigkeit der Regierung, die Hochschulbildung zu regulieren, und wirkt sich auf die Umsetzung der gerechten Politik der Hochschulbildung aus. Da die Finanzierung nicht den Bedürfnissen der Studierenden gerecht werden kann, zahlen viele Studenten ihre Studienleistungen durch Arbeit, und einige Leute können ihr Studium auch unterbrechen, was die Lernzeit verlängert, die Studierenden können nicht rechtzeitig abschließen, was zu einem Mangel an Bildungsressourcen führt. Zweitens berücksichtigt die auf den Ergebnissen basierende Darlehenshilfe nur die Testergebnisse und ignoriert die Zeit, um die Ergebnisse zu erzielen. Einige Leute verlängern ihre Studienzeit, um gute Ergebnisse zu erzielen, was gegen das Ziel der Verbesserung der Bildungseffizienz verstößt.

Um das Recht der Studierenden auf Hochschulbildung zu gewährleisten, die Fairness des Bildungswesens zu berücksichtigen und die Effizienz der Hochschulbildung zu verbessern, hat die Bundesregierung eine Reihe von Maßnahmen ergriffen, um das Fördersystem der Studierenden zu verbessern. Erstens, da viele Staaten mit der Einführung von Gebührensystemen begannen, sahen sich Studierende mit familiären finanziellen Schwierigkeiten großen Problemen gegenüber. Denn bei reduzierten Investitionen in die Bildung und entsprechender Kürzung der Studienförderung sind es oft die Kinder von Familien mit niedrigem mittlerem Einkommen und niedrigem Einkommen, die das College zuerst aufgeben. In diesem Fall ist die finanzielle Unterstützung des Staates für Studenten nicht nur eine finanzielle Frage, sondern auch eine soziale und politische Frage. Daher haben die Bundesregierung und die Bundesregierung einige entscheidende Änderungen des Bundesbildungsfördergesetzes vorgenommen, wodurch die Förderintensität erhöht wird, vor allem durch eine gezieltere Fördermethode für Studierende aus benachteiligten Gruppen in der Zukunft. Zweitens werden wir unter der Voraussetzung einer hohen Finanzierung die Reform des Darlehenssystems weiter stärken. Durch die Erhöhung der maximalen Darlehenssumme kann die Bundesregierung mehr Zinsen auf Darlehen erhalten, die mit Zustimmung der staatlichen Regierung für den Hochschulbau verwendet werden können. Drittens, um die Darlehensnutzungsrate zu verbessern, schlug der deutsche wissenschaftliche Ausschuss vor, dass die Darlehenserleichterung nach dem Bundesbildungsförderungsgesetz zunächst von der Dauer des Lernens, gefolgt von Prüfungsergebnissen abhängen sollte, während die Förderung von Studierenden, die ihr Studium rechtzeitig oder rechtzeitig abschließen, die Lerndauer der Universitäten verkürzen und die Effizienz der Hochschulbildung fördern kann. Die deutsche Hochschulbildung war ein Modell der weltweiten Hochschulbildung und leistete hervorragende Beiträge zur Entwicklung der weltweiten Hochschulbildung. Seit der zweiten Hälfte des letzten Jahrhunderts hat sich die Qualität der Hochschulbildung und der internationale Status verschlechtert und allmählich seine führende Stellung verloren. Der Grund dafür ist, dass der kontinuierliche Rückgang der Bildungsinvestitionen durch den Wirtschaftsabschwung ein wichtiger Faktor ist. Die deutsche Regierung hat die Schwere des Problems erkannt und versucht, eine Reihe von Reformen als wichtigen Faktor zu bestehen. Die deutsche Regierung hat die Schwere des Problems erkannt und versucht, es durch eine Reihe von Reformmaßnahmen zu lösen. Zusammenfassend möchte ich sagen, dass die Reform vor allem drei Aspekte umfasst. Zunächst sollten wir Wettbewerbsmechanismen einführen, das Wettbewerbsbewusstsein in den Bereichen Bund, Staat, Universität, Lehrer und andere Ebenen stärken und Wettbewerbsmaßnahmen einführen, um die Effizienz der öffentlichen Mittel unter einem starken Verantwortungssystem zu maximieren. Zweitens wird das Leistungskonzept eingeführt, und das Leistungsindex-System, das die Leistung, Qualität, Nutzen und Eignung der Hochschulbildung widerspiegelt, wird formuliert und verwendet, um Kosten zu sparen und die Kosteneffizienz zu verbessern. Zweitens sollten wir die Finanzierungskanäle erweitern und die Investitionskanäle diversifizieren. So können private Investoren beispielsweise Universitätsgebäude bauen, Studiengebühren von Studierenden erheben und das Bonus- und Darlehenssystem reformieren. Diese Maßnahmen entsprechen den Erfordernissen der Entwicklung der Hochschulbildung, brechen den Equalitarismus und das Phänomen „Big Pot Reiss", das im traditionellen System existiert, und entwickeln sich in Richtung marktorientierter, leistungsorientierter und diversifizierter Investitionen. Es ist vernünftig zu glauben, dass mit der weiteren Vertiefung der Reform die Probleme, die im deutschen Hochschulinvestitionssystem bestehen, schrittweise gelöst werden.

5. Bereiche im öffentlichen Dienst. Reform der Internationalisierung der Hochschulbildung

Mit der Entwicklung und Popularisierung der Informationstechnologie wird die weltweite Abhängigkeit in Wirtschaft, Wissenschaft, Kultur und Politik von Tag zu Tag vertieft. Als eines der wichtigen Bereiche der internationalen Zusammenarbeit ist es für deutsche Universitäten dringend eine Teilnahme am internationalen Wettbewerb. Auch deutsche Universitäten mit gutem Ruf spielen eine wichtige Rolle im internationalen Austausch, indem sie den internationalen Markt für die exportabhängige deutsche Wirtschaft deckungsgleich öffnen. Darüber hinaus müssen viele umfassende und überregionale Themen auf dem Gebiet der Naturwissenschaft und der Sozialwissenschaft durch die internationale Arbeitsteilung und Zusammenarbeit aufgrund ihres riesigen Systems und ihrer enormen Ausgaben untersucht werden. Die Hochschulbildung übernimmt die Aufgabe der wissenschaftlichen Forschung. Wissenschaft selbst hat keine nationalen Grenzen. Die Internationalisierung der Hochschulbildung ist auch die Voraussetzung der wissenschaftlichen Entwicklung selbst. Sie ist ein Trend zur Entwicklung der Hochschulbildung in der Welt.

Die Bundes- und Staatsregierungen von Deutschland messen der Entwicklung der internationalen Zusammenarbeit große Bedeutung bei und erkennen an, dass unter dem Hintergrund der Globalisierung und der kontinuierlichen Entwicklung der Europäischen Union die Europäisierung und Internationalisierung von Bildung, Wissenschaft und Forschung immer wichtiger wird. Tatsächlich ist die Internationalisierung der Hochschulbildung ein integraler Bestandteil des Prozesses immer enger werdender politischer, wirtschaftlicher und kultureller Bindungen und gegenseitigen Einflusses in der Welt. Die internationale Zusammenarbeit Deutschlands im Hochschulbereich ist sehr aktiv und wurde von der Bundesregierung, den staatlichen Regierungen und den Hochschulen hoch geschätzt. Die Universitäten haben im Allgemeinen verschiedene Formen des internationalen Austauschs und der Zusammenarbeit durchgeführt, und die Disziplinen der internationalen Zusammenarbeit umfassen fast Naturwissenschaften,

Medizin, Geisteswissenschaften und Sozialwissenschaften und andere Bereiche. Aus der Sicht der Zielländer der internationalen Zusammenarbeit deutscher Hochschulen sind die wichtigsten Partner vor allem die entwickelten Länder in Europa und Amerika, und sie haben auch mit chinesischen Universitäten zusammengearbeitet. Die Einrichtung eines mit den meisten Ländern der Welt kompatiblen Hochschulsystems ist die wichtigste Voraussetzung für die Internationalisierung der Hochschulbildung in einem Land. In der Internationalisierung der deutschen Hochschulbildung gibt es noch viele Mängel, und der Grad der Internationalisierung muss verbessert werden. Mit der Beschleunigung der Globalisierung und der europäischen Integration wird das deutsche Hochschulwesen angesichts der oben genannten Probleme aktiv an die neue Entwicklungsstituation angepasst und die Internationalisierung des deutschen Hochschulwesens verbessert. Die deutsche Regierung hat das Hochschulsystem aktiv angepasst, international anerkannte Diplome eingeführt, die Anerkennung von Abschlüssen und Leistungen vereinfacht, das System und das Studium an die internationalen Standards angepasst, Bedingungen geschaffen, die dem internationalen Talent-Anbau aus der Perspektive des Systems förderlich sind, es den inländischen Studenten ermöglicht, ins Ausland zu gehen und ausländische Studenten in Deutschland zu studieren, und den Weg für den internationalen Talentfluß durch die gegenseitige Anerkennung internationaler Diplome und Diplome eröffnet. Die Entwicklung der Volkswirtschaft bildet und zieht Talente an. Darüber hinaus verbessert sie auch ihre Internationalisierung aus den folgenden Aspekten.

5.1 Stärkung des internationalen Austauschs und der Zusammenarbeit

Deutsche Universitäten haben Austauschprojekte und Kooperationen mit Universitäten und wissenschaftlichen Forschungseinrichtungen in vielen ausländischen Ländern etabliert. Formen und Inhalte der Zusammenarbeit umfassen vor allem die Anerkennung von Semestern und Krediten an Partneruniversitäten, den Austausch von Forschern, den Austausch von Lehrkräften, den Austausch von nichtwissenschaftlichem Personal, den Austausch von Studierenden, den Austausch akademischer

Reserveformen, die gemeinsame Entwicklung von Ausbildungsprogrammen, die Einrichtung von Stipendien durch Vereinbarungen und die Zusammenarbeit von Lehr- und Forschungseinrichtungen, Bau, kooperative Lehre, kooperative Forschung und Universitätsverwaltung. Die gebräuchlichsten Formen der Zusammenarbeit sind der Austausch von Studenten, der Austausch von Lehrern, die Anerkennung von Semestern und Krediten, der kooperative Unterricht, die kooperative Forschung und der Austausch von Forschern.

Um die Erfahrungen des internationalen gemeinsamen Schullaufmodus, des Berufslehrplans, der Lehrerausbildung, der Qualitätssicherungsmaßnahmen und anderer Aspekte schnell zu verstehen und zu praktizieren, führen deutsche Universitäten und ausländische Universitäten aktiv internationalen Austausch, gemeinsame Ausbildung und Zusammenarbeit in laufenden Schulen durch. Diese Art des Unterrichts besteht in der Erarbeitung des Lehrplans, der Erforschung des Lehrinhaltes und der gegenseitigen Anerkennung des akademischen Grades. Es kann in drei Arten unterteilt werden: ① die gemeinsame Ausbildung, die kooperative Bildung und die Schaffung einer interuniversitären Zusammenarbeit mit ausländischen Hochschulen. In Deutschland und den Kooperationsländern, d.h. dem beiden Länderstudiensystem, werden akademisches und akademisches Niveau anerkannt.② Nehmen Sie die Kooperativen Länder als wichtigstes Ziel des Unterrichts, d. h. nehmen Sie die Baubedürfnisse der Entwicklungsländer als wichtigstes Ziel des Unterrichts.③ Internationaler Austausch, hauptsächlich Unterricht in Deutschland. Deutschland empfängt jährlich etwa 22000 internationale Austauschstudenten, die in 671-Disziplinen verteilt werden und sich auf Recht, Wirtschaft, Soziologie usw. konzentrieren. Obwohl die Schlüsselbereiche der Zusammenarbeit in den laufenden Schulen in Deutschland noch in europäischen und amerikanischen Ländern liegen, ist dies der traditionelle Partnerbereich Deutschlands, wie das Deutsche Französische Institut für Technologie und Wirtschaft, das vom Deutschen Saar Institut für Technologie und Wirtschaft und der Französischen Mace Universität fusioniert wird, Studenten in Deutschland und Frankreich aufnimmt und Diplome an die beiden Länder vergibt. Der Hauptschwerpunkt des Kollegiums sind Bauwesen, Betriebswirtschaft, Elektronik, Informatik und Maschinenbau.

Dabei wird auf das Fremdsprachenlernen und die Fähigkeit der interkulturellen Kommunikation geachtet. Mit der Entwicklung der Globalisierung hat Deutschland jedoch erkannt, dass es neben den EU-Mitgliedstaaten und den traditionellen Partnern der Vereinigten Staaten und Kanada ein wichtiger Aspekt der Internationalisierung der Hochschulbildung ist, um den Austausch und die Zusammenarbeit mit Universitäten in anderen Ländern und Regionen, insbesondere mit Universitäten in Asien-Pazifik-Ländern, zu stärken und die Situation zu ändern, dass mehr als die Hälfte der derzeitigen deutschen Hochschulpartner in Europa sind. Asien als Region mit boomender Wirtschaft, vor allem China, als große Macht im friedlichen Aufstieg, kann nicht ignoriert werden. Deshalb hat das Bundesministerium für Bildung und Forschung im Jahr 2002 das neue „asiatische Konzept " -Dokument überarbeitet, die Leistungen der Bildungsforschung zwischen Deutschland und den asiatischen Ländern seit 1995 umfassend zusammengefasst und die Aufgaben für die zukünftige Entwicklung vorgestellt. Damit wurde eine solide politische Grundlage für die Stärkung der Zusammenarbeit zwischen China und Deutschland in der Bildungsforschung geschaffen. Die Sino German College of Tongji ist zum Beispiel ein typischer Vertreter der deutsch-chinesischen Zusammenarbeit. Angeführt von den chinesischen und deutschen Regierungen arbeitet das deutsche akademische Austauschzentrum mit der Tongji Universität zusammen, um Meisterstudierende in Informatik, Betriebswirtschaft und Maschinenbau zu kultivieren, Professoren aus China und Deutschland einzustellen und in den deutschen Originalbüchern zu unterrichten. Die Hochschule veranstaltet jeden Monat ein „Sino German Forum " zur Förderung des gegenseitigen Verständnisses und des kulturellen Austauschs zwischen China und Deutschland. Studierende haben auch die Möglichkeit, für 3-5 Monate Praktikum oder Graduierungsdesign nach Deutschland zu gehen, was nicht nur die Vision der Studierenden öffnet, sondern auch den Studierenden hilft, im gegenseitigen Vergleich eine korrekte kulturelle Perspektive zu entwickeln.

5.2 zieht mehr internationale Studierende an

Zu Beginn des 2001 zeigte die gemeinsame Konferenz der deutschen Minister für

Kultur und Bildung auf der Hannover-Konferenz, dass mindestens das nächste Jahrzehnt an deutschen Universitäten ein gravierender Mangel an Studenten besteht. Im Jahr 2001 wählten nur 68% der High School-Absolventen ihre Studien fort, wobei die 14-Prozentpunkte von 1990 zurückgingen. Die gemeinsame Sitzung der deutschen Minister für Kultur und Bildung prognostizierte, dass der Trend für einige Zeit anhalten würde, und die Zahl der neuen Studenten an deutschen Universitäten würde von 308000 bis 274000 bis 2015 sinken. Darüber hinaus steht die deutsche Gesellschaft auch vor einem alternden Trend. Um eine Schrumpfung der Hochschulbildung zu vermeiden und die Altersstruktur der Bevölkerung zu verbessern, die vor allem auf der Betrachtung der Talentstrategie basiert, zieht Deutschland eine große Anzahl ausländischer Studenten und Wissenschaftler und technologisches Personal an. Laut Statistik ist der Anteil der ausländischen Studierenden an deutschen Universitäten 7%. Die internationale Hochschulausbildung und ihr Umfang sind ein wichtiger Indikator für die Messung des Grades der Internationalisierung der Hochschulbildung. Ein Bericht über den Anteil der internationalen Studenten aus den Ländern der Weltorganisation für wirtschaftliche Zusammenarbeit und Entwicklung (OECD) hat eine detaillierte Statistik über den Anteil der ausländischen Studenten erstellt, die von verschiedenen Ländern akzeptiert werden, einschließlich 28% in den Vereinigten Staaten, 12% im Vereinigten Königreich und 11% in Deutschland. Es zeigt sich, dass Deutschland einen großen Anteil an der Anwerbung ausländischer Studenten hat, was zeigt, dass die deutsche Hochschulbildung einen hohen Ruf genießt und eine wichtige Rolle in der Welt spielt. Im Vergleich zu den britischen und amerikanischen Ländern gibt es jedoch aufgrund der Probleme der Sprache und anderer Aspekte immer noch eine gewisse Kluft. Der gleiche Bericht der OECD zeigt, dass der Anteil ausländischer Studenten, der von Deutschland angezogen wird, rückläufig ist. Zwischen 1998 und 2003 ging der Marktanteil ausländischer Studenten um zwei Prozentpunkte zurück, was die Aufmerksamkeit der deutschen Regierung erregte. Angesichts der bestehenden Probleme hat die deutsche Regierung positive Reformen durchgeführt, um die Attraktivität ausländischer Studenten zu erhöhen.

(1) Die Studiengänge sollen international ausgerichtet sein, internationale Studiengänge

für ausländische Studierende entwickeln, attraktive Lehrinhalte für Ausländer bereitstellen, die Disziplin anpassen, die Qualität der Lehre verbessern und international anerkannte Abschlüsse vergeben. In Anbetracht der Schwierigkeiten, Deutsch und die praktischen Bedürfnisse einiger ausländischer Studenten zu beherrschen, wird zweisprachiger Unterricht in Deutsch und Englisch durchgeführt.

(2) Um die Marktlage von Hochschulen und Universitäten zu verbessern, bieten wir „Pauschal-Servicepläne für ausländische Studierende ", einschließlich der Lösung der kostengünstigen Unterbringung, Mahlzeiten und anderer sozialer Betreuung, verringern die Schwierigkeiten für ausländische Studierende, sich am Anfang an das Universitätsleben in Deutschland anzupassen, optimieren die Betreuung und Lernberatung für ausländische Studierende, begrenzen die Dauer der Ausbildung auf acht Semester und ermöglichen es ihren Ehegatten, später nach Deutschland zu kommen.

(3) Vereinfachung der Anerkennung ausländischer akademischer Leistungen und Lockerung der Beschränkungen für ausländische Studierende. Derzeit ist es erforderlich, ausländischen Studierenden, die einen offiziellen Studienstatus an deutschen Universitäten erworben haben, die Möglichkeit zu geben, ihre Studienjahre zu verlängern und ihre Hauptfächer zu wechseln. Wenn die Zeit der akademischen Verzögerung nicht mehr als drei Semester ist, können ausländische Studenten auch ihre Hauptfächer ändern. Neue Studenten können über die grundlegende Situation des Lernens vom Ausbilder lernen. Die Aufenthaltszeit von ausländischen Studenten in Deutschland kann auf 15-Jahre im Grunde aus Lerngründen verlängert werden.

(4) Vereinfachtes Studienvisum, kein Vermittler, keine teure Vermittlungsgebühr, keine Sorge um Betrug, keine Notwendigkeit, alle Arten von Dokumenten zu fälschen, solange es den Anforderungen Deutschlands entspricht, können Sie sich direkt für ein Auslandsstudium bewerben.

Die deutsche Regierung misst der Bedeutung und Notwendigkeit des internationalen Bildungsaustauschs und der Zusammenarbeit im Kontext der wirtschaftlichen Globalisierung und der raschen Entwicklung der europäischen regionalen Integration große Bedeutung bei. Sie ist der Ansicht, dass die internationale Zusammenarbeit in Bildung und Forschung ein wichtiger Weg für Deutschland ist, Innovation und Entwicklung zu erreichen und das nationale Interesse Deutschlands ist. Deshalb unterstützt, fördert und unterstützt sie aktiv die umfassende Entwicklung deutscher Universitäten, Forschungseinrichtungen und die Zusammenarbeit auf allen Ebenen im Ausland. Die herausragende Praxis Deutschlands bei der Förderung des internationalen Bildungsaustauschs besteht darin, verschiedene Maßnahmen zu Hause zu ergreifen, um die Wettbewerbsfähigkeit und Attraktivität Deutschlands als Reiseziel für Auslandsstudien und wissenschaftliche Forschung zu stärken. Auf internationaler Ebene sollten wir die Präsenz deutscher Universitäten und Forschungsinstitute im Ausland stärken und verschiedene internationale Kooperationen und Austausche, einschließlich der Zusammenarbeit bei laufenden Fachrichtungen und Universitäten, aktiv weiterentwickeln. Dies hat etwas mit Chinas Politik zu tun, indem es aktiv ausländische, qualitativ hochwertige Bildungsressourcen einführt und die kooperative Bildung energisch weiterentwickelt. Durch Bildung und Ausbildung bieten wir unseren Bürgerinnen und Bürgern Lernmöglichkeiten, um die Besonderheiten von Fremdsprachen, Kulturen und ethnischen Gruppen zu verstehen, um sie in der internationalen Beschäftigung wettbewerbsfähig zu machen. Gleichzeitig werden wir eine integrative und offene Weltanschauung für unsere Bürger fördern, unsere Wettbewerbsfähigkeit und Anziehungskraft als internationales Bildungs- und Forschungsziel stärken und unsere Position auf dem internationalen Markt für Bildung und Forschung stärken.

Die Internationalisierung der Hochschulbildung ist der allgemeine Trend. Als Entwicklungsland sollte China der wichtigen Rolle der Internationalisierung der Hochschulbildung bei der Förderung der nationalen wirtschaftlichen Entwicklung mehr Aufmerksamkeit widmen. Natürlich ist es notwendig, gezielte Verbesserungen entsprechend den unterschiedlichen nationalen Bedingungen und unterschiedlichen Problemen im Hochschulbereich vorzunehmen. Auf der Grundlage des ursprünglichen guten Internationalisierungsniveaus soll Deutschland seine Mängel verbessern, aktiv neue Ideen suchen, mit der Reform des Hochschulsystems beginnen, die Attraktivität des Studiums im Ausland stärken, den Umfang und das Niveau des internationalen

Austauschs und der Zusammenarbeit erweitern und die Reform gezielt Schritt für Schritt durchführen, seine eigenen Merkmale beibehalten und auf der Grundlage der Einhaltung der Tradition auf hohem Niveau erweitern. Der Raum, in dem die Bildung auf internationaler Ebene eine Rolle spielen kann, lohnt sich zu lernen. Der Grad der Internationalisierung der Hochschulbildung in China ist nicht hoch, und es gibt eine große Kluft im Vergleich zu den entwickelten Ländern der Hochschulbildung.

6. Reform der Hochschulbewertung

Die deutsche Hochschulbildung setzt sich für die Kombination von nationaler Verwaltung und akademischer Selbstverwaltung ein. Einerseits erfordert sie eine größere Autonomie bei der Leitung von Schulen, andererseits betont sie effektivere Regulierung und Kontrolle. Manchmal ist es schwierig, sie perfekt zu koordinieren. Neben der traditionellen rechtlichen Aufsicht und der professionellen Aufsicht, wie man eine Art Aufsichtsmodus, der nicht nur die Interessen beider Seiten schützen kann, sondern auch von beiden Seiten akzeptiert werden kann, hat das vorherrschende Hochschulbewertungssystem in den Vereinigten Staaten Deutschland eine gute Inspiration für die Hochschulbildung gegeben. Zunächst hielt die deutsche Hochschulbildung eine vorsichtige abwartende Haltung. In den 1989-er Jahren startete Spiegel erstmals das Hochschulranking, das von allen Lebensbereichen hoch gelobt und verunglimpft wurde. Im Laufe der Zeit hat sich der deutsche Hochschulsektor jedoch von einem vorsichtigen abwartenden in einen glücklichen verwandelt. Zum einen aufgrund der Verbreitung der Bildungsevaluierung in den Vereinigten Staaten, Großbritannien und anderen Ländern und der externen Förderung erfolgreicher Erfahrungen, was noch wichtiger ist, aufgrund des Mangels an öffentlichen Mitteln für die Hochschulbildung in Deutschland und der internen Nachfrage, die durch die Zweifel der Öffentlichkeit an den Leistungen der Hochschulbildung verursacht wird, begann die deutsche Regierung, der Rolle der Evaluierung Bedeutung beizumessen. Nach vielen Diskussionen, Diskussionen und Modellversuchen zur Evaluierung der Hochschulbildung von Anfang der 90er Jahre bis Mitte des letzten Jahrhunderts wurde das Hochschulbewertungssystem Ende der 90er Jahre in Deutschland weitgehend etabliert.

6.1 Zweck, Organisation und Verfahren der Bewertung

Das Hochschulmanagement in Deutschland nimmt ein „gemischtes System " an, und die Anforderungen und Ziele der Evaluierung durch alle Managementebenen sind unterschiedlich. Für die staatlichen Bildungseinrichtungen müssen sie die Grundlage für Investitionen in Hochschuleinrichtungen erhalten, hoffen, die autonome Fähigkeit der Universität zu verbessern, die Qualität des von der Universität im Einklang mit den internationalen Standards eingerichteten neuen Hauptführers zu bewerten und die Qualität und das Niveau der Universität für den Staat und die Öffentlichkeit zu reflektieren. Für Colleges und Universitäten selbst ist es notwendig, den Mechanismus der wissenschaftlichen internen Verwaltung zu schaffen, die Fähigkeit zur Selbstverwaltung zu verbessern, die Qualität der Lehre zu verbessern, die Hochschul- oder Abteilungsmerkmale zu gestalten, die Kommunikation zwischen Lehrern und Studenten zu verbessern und zu stärken, feste Informationsquellen für die Leiter zu schaffen, Entwicklungspläne zu erstellen und in erbitterter Konkurrenz zu gewinnen, indem wissenschaftliche Forschungstalente, Studenten, Drittinvestitionen und nationale Investitionen angezogen werden. Man kann sehen, dass die Verbesserung der Selbstverwaltung und der Hochschulautonomie das gemeinsame Ziel von Bildungseinrichtungen und Schulen ist.

In Deutschland gibt es viele Bestseller von Evaluierungsorganisationen, die wie folgt zusammengefasst werden können: ① staatliche Hochschuleinrichtungen (Staatliches Ministerium für Kultur oder Hochschulwesen) oder von ihnen autorisierte und anerkannte Evaluationseinrichtungen, wie z.B. das Bewertungszentrum Sachsen und die Evaluierungsstation Nordwales. ② halbamtliche oder nichtoffizielle Medieneinrichtungen, insbesondere der Bund der Präsidenten der Bundesuniversität Federal Science Association, University Development Promotion Center, Organisation des Hochschulinformationssystems, etc. ③ Evaluierungsgruppe, die von der Fachdisziplin Professional Committee gegründet wurde. Neben den oben genannten Formularen beteiligen sich auch einige einflussreiche deutsche Papiermedien aktiv an der Rangordnung von Universitäten und Hochschulabsolventen durch Fragebogenerhebungen. Die berühmte deutsche Wochenzeitung „Spiegel ", „Star " und „Focus ", die internationalen Einfluss haben, sortiert die Universitäten seit 1989 und veröffentlicht Alben, um die Sortierergebnisse öffentlich zu machen.

Die gemeinsame Konferenz der deutschen Universitätspräsidenten und die gemeinsame Konferenz der Kultur- und Bildungsminister veröffentlichten eine Reihe von Dokumenten zur Lehrauswertung von Hochschulen und Universitäten. Entsprechend dem Geist dieser Dokumente formulierten die Lehrevaluierungsinstitute die Bewertungsverfahren nach den international anerkannten Standards. Der gesamte Bewertungsprozess gliedert sich in drei Phasen:

Eine ist Selbstbewertung. Die Selbstbewertung ist der erste Schritt, um die Qualität des Unterrichts an Hochschulen und Universitäten zu gewährleisten, die von den Abteilungen jeder Universität nach bestimmten Anforderungen durchgeführt wird. Der Evaluierungsbericht umfasst folgende Inhalte: Rahmenbedingungen für den Unterricht (Zahl der Lehrer und Studenten, Ausrüstung und Mittel), Organisationsstruktur usw. Lehrinhalte (Ausbildungsziele, Lehr- und Prüfungspläne usw.). Leitung und Organisation des Unterrichts (Lehrmethoden, Unterrichtsbedingungen, Prüfungen usw.). Lernprozess (Ausbildung und Wege, Reflexion der Studierenden usw.). Ausbildung der Hochschullehrer. Entwicklung der Frauen. Beschäftigungsmöglichkeiten von Hochschulabsolventen. Analyse von Vor- und Nachteilen des Hauptschweren. Ziel der Selbstbewertung ist es, die Transparenz des Lehrprozesses zu verbessern, ihre Stärken und Schwächen zu klären und die Grundlage für den nächsten Entwicklungsplan zu schaffen. Die Evaluierungsergebnisse werden in einem schriftlichen Bericht festgehalten, der als Informationsgrundlage für die Bewertung von Sachverständigen an die Lehranstalt übermittelt wird.

Zweitens, Expertenüberprüfung. Auf der Grundlage der Selbstevaluierung jeder Schule, Fakultät und Abteilung lädt die Lehrevaluierungsorganisation Experten ein, Felduntersuchungen durchzuführen. Diese Experten sind aus dem Ausland, einige verfügen über eine reiche Erfahrung in Lehre und wissenschaftlicher Forschung, einige verfügen über langjährige Berufserfahrung und einige Experten, die mit dem deutschen Hochschulsystem vertraut sind, werden manchmal zur Teilnahme an der Bewertung eingesetzt, was die Bewertung international macht. Die Bewerber für die

Evaluierungsexperten werden vom Lehrinstitut empfohlen, und die Stellungnahmen der betreffenden Schulen werden erbeten. Bei Meinungsverschiedenheiten über die Auswahl der Sachverständigen entscheidet der akademische Ausschuss der Lehrevaluierungseinrichtung über die endgültige Auswahl. Die Expertenüberprüfung dauert zwei Tage. Am ersten Tag führte die Expertengruppe eine Diskussion mit den Schulleitern, den Abteilungen, den Lehrern und Schülern, um die Situation vollständig zu verstehen. Am zweiten Tag inspizierten die Evaluationsexperten die Abteilungen und tauschten sich mit den Schulleitern aus. Danach begann die Sachverständigengruppe, den Überprüfungsbericht auszuarbeiten. Der Bericht sollte die bestehenden Probleme aufzeigen und Verbesserungsvorschläge unterbreiten. Nach der Ausarbeitung des Berichts wird eine gemeinsame Sitzung mit der Beteiligung von Evaluierungsexperten, Vertretern von Bildungseinrichtungen, Schulleitern und Vertretern der Abteilungen stattfinden, um die Stellungnahmen der Schule zu den Evaluierungsergebnissen zu erbitten und über den Evaluierungsbericht über die Prämisse des Konsenses abzustimmen. Dieser Bericht wird der Öffentlichkeit zugänglich gemacht.

Drittens die institutionelle Vereinbarung. Das Ministerium und die Schulleiter verhandeln über die Bewertungsergebnisse, unterzeichnen die Zielvereinbarung zur Verbesserung der Unterrichtsqualität und klären den Zeitablauf. Die Abteilung gewährleistet, dass die Qualität des Unterrichts innerhalb der vereinbarten Zeit dem Standard entspricht, und die Schule verspricht, im Hinblick auf die Mittel notwendige Unterstützung zu leisten. Der Inhalt der Vereinbarung muss transparent und operabel sein.

6.2 Reformmaßnahmen zur Evaluierung des Hochschulwesens

Erstens: Verbesserung der Qualität des Unterrichts durch Bewertung. Evaluierung des internen Managements und der Mechanismen von Hochschulen und Universitäten, Disziplinarstellung, Lehre und wissenschaftliche Forschung und andere Aspekte. Basierend auf den Evaluierungsergebnissen, Verbesserungsvorschläge und Pläne für die evaluierten Objekte, rechtzeitiges Verständnis der bei der Evaluierung auftretenden Probleme, Einrichtung eines Überwachungsmechanismus, regelmäßige

Datenerfassung, Informationsaustausch, Kontaktpflege mit den Evaluationsexperten und rechtzeitige VerbesserungUm die Qualität des Unterrichts zu gewährleisten und zu verbessern. Darüber hinaus soll durch Hochschulrang, Berufsrang usw. die Stärken verschiedener Schulen und Abteilungen aufgezeigt werden, die dem Wettbewerb zwischen den Universitäten förderlich sind, die Verbesserung der Unterrichtsqualität fördern und den Einfluss von Schulen und Abteilungen in der Gesellschaft erweitern. Der jüngste „Eliteuniversitätsplan " soll die Shortlist und das Endergebnis anhand der Bewertung aller Aspekte der Universität bestimmen. Um die Lehrer zu fördern, um ihr akademisches Niveau zu verbessern und die Qualität des Unterrichts zu gewährleisten, sollten wir das selbstdisziplinäre und selbstreife Vertrauenssystem der traditionellen Universitäten durch eine Vielzahl von Bewertungsmethoden und damit zusammenhängendes Belohnungs- und Bestrafungssystem ersetzen.

Zweitens: bessere Zuweisung und Nutzung öffentlicher Mittel durch Evaluierung. In Verbindung mit den Evaluierungsergebnissen von Hochschulen und Universitäten mit den Mitteln für Hochschulen und Universitäten, bei relativ unzureichenden Investitionen in die Hochschulbildung, ist eine angemessene Mittelzuweisung förderlich für eine bessere Ausnutzung der Mittel und die Gewährleistung der Qualität der Hochschulbildung. Gleichzeitig verbinden Hochschulen und Universitäten auch die Mittelzuweisung mit den Bewertungsergebnissen der einzelnen Abteilungen, die das Verantwortungsgefühl der einzelnen Abteilungen für das Qualitätsmanagement stärken können, und fördern Colleges und Universitäten, das Managementniveau kontinuierlich zu verbessern.

Drittens: Stärkung der internen Selbstevaluierung von Hochschulen und Universitäten. Die deutsche Hochschulbewertung konzentriert sich auf die interne Evaluation, d.h. auf die Selbstevaluierung. Nach der Erklärung des deutschen Pädagogen bedeutet die interne Evaluation, dass soziale Personen oder soziale Gruppen für ihre eigenen Verhaltensweisen und Leistungen verantwortlich sind, d.h. die Verantwortung für die Bewertung liegt bei der Person, die bewertet wird. Deutsche Hochschulen und Universitäten gründen eine Selbstevaluierungsgruppe, bestehend aus Experten und Führungskräften auf allen Ebenen, die die Selbstbewertung gezielt durchführen.

Führungskräfte auf allen Ebenen erfahren die Entwicklungsorientierung, die Vorteile und Merkmale, Mängel und Bereiche, die im realen und vollständigen Bewertungsprozess zu verbessern sind, ihre Selbstverwaltung zu verbessern, das zu erwartende Ziel der Lehrerbeurteilung zu erreichen und die Selbsteinschätzung von Hochschulen und Universitäten zu erreichen. Es sollte Wirkung haben.

Viertens durch soziale Bewertung die Beziehungen zwischen Universitäten und Gesellschaft zu stärken. Durch die soziale Bewertung können wir die sozialen Bedürfnisse rechtzeitig erkennen, den Lehrplan und den Inhalt rechtzeitig anpassen, den Bedürfnissen der Gesellschaft, insbesondere der Wirtschaft, gerecht werden und die Lehraktivitäten zielgerichteter und zielgerichteter gestalten. Mit der Entwicklung von Wissenschaft und Technik sind Hochschulen und Universitäten enger mit der Gesellschaft verbunden. Die Bewertung der von den Schulen ausgebildeten Talente und die Nachfrage nach Spezialitäten sind wichtige Faktoren, die die Entwicklung von Hochschulen und Universitäten beeinflussen. Daher ist die soziale Bewertung von großer Bedeutung. Die Ansätze Deutschlands zur Stärkung der sozialen Bewertung und zur Förderung der Verbindung zwischen Universitäten und Gesellschaft umfassen vor allem: Erstens die Einführung eines sozialen Bewertungsmechanismus. In der Vergangenheit wurde die Selbstevaluierung der Universitäten schrittweise verändert. In den1989er veröffentlichte der Spiegel das erste private Hochschulranking in der Geschichte der deutschen Universitäten. Seitdem sind bekannte Zeitschriften in die Reihen aufgenommen worden. Zweitens: Stärkung der Beziehungen zwischen sozialen Organisationen und Universitäten. Auf der einen Seite in allen Arten von Beratungs- und Evaluationseinrichtungen, die von der Regierung eingerichtet werden, werden Menschen aus allen Lebensbereichen bewusst zur Teilnahme eingeladen. Auf der anderen Seite werden soziale Organisationen dazu benutzt, an wichtigen Entscheidungen der Regierung über die Hochschulplanung und -zuweisung teilzunehmen. Durch die Berücksichtigung sozialer Bedürfnisse in der Entscheidungsfindung fordern diese Institutionen die Universitäten auf, den sozialen Bedürfnissen Rechnung zu tragen.

Gleichzeitig wurde die Evaluierung der Hochschulbildung auf Bundesebene energisch gefördert. Die Bundesuniversitätspräsidentenvereinigung, der Bund der Wissenschaften, die Bundesstaatsbildungsplanungskommission, das Hochschulent wicklungsförderzentrum (CHE) und die Hochschulinformationssystemorganisation (seine) ergreifen die Initiative, die Bildungsevaluierung als Konzept des modernen Bildungsmanagements durch Durchführung von akademischen Konferenzen, Modellversuchen und verschiedenen Projekten umzusetzen. Zur Zeit ist die Bewertung als Überwachungsmittel, ihre Aufmerksamkeit und ihre Förderung auf staatlicher oder föderaler Ebene beispiellos. Die positive Rolle der Hochschulevaluierung wird immer offensichtlicher: Einerseits kann sie die Investitionen der Regierung in die Bildung fördern, andererseits kann sie die Verwaltung und Überwachung der Qualität der Lehre in Colleges und Universitäten regulieren und die Studierenden zu den wirklichen Nutznießern der Lehrevaluierung machen. Seit vielen Jahren hat sich gezeigt, dass das Hochschulranking des Deutschen Hochschulentwicklungszentrums, die Hochschulbewertung der Weltorganisation für wirtschaftliche Zusammenarbeit und Entwicklung (OECD) und das internationale Studienbewertungsprojekt (PISA) die Wettbewerbsbegeisterung der Bildungseinrichtungen mobilisieren können. Es besteht kein Zweifel daran, dass die Evaluation als wirksames Mittel in Deutschland in Zukunft weit verbreitet sein wird, sei es für die Zertifizierung bestehender und neuer Hauptfächer oder für die Bewertung des Lernens, der Lehre und der wissenschaftlichen Forschung von Hochschulstudenten.

Heute müssen wir mit der schrittweisen Verbesserung des Marktmechanismus in China aus diesem Modell lernen. Derzeit ist die Bewertung der Hochschulbildung in China in Verwaltung und Betrieb nicht standardisiert, und die Glaubwürdigkeit der Bewertungsergebnisse ist nicht hoch. Obwohl die Evaluierung die Verwaltung, die Qualität des Unterrichts und die Unterrichtsbedingungen von Hochschulen und Universitäten in gewissem Umfang fördern kann, führt die Bewertung nur zum Zweck der Bewertung zu einer großen Menge an Verschwendung von personellen und finanziellen Ressourcen, aber wenn die Bewertung abgeschlossen ist, wird sie sich entspannen und die Bedeutung der Bewertung verlieren. Auf der Grundlage der Bewertungserfahrung Deutschlands wird ein Evaluierungsmechanismus eingerichtet, der Selbstevaluierung, überlegene Managementbewertung und soziale Evaluation kombiniert. Zunächst kann sie Hochschulen und Universitäten dazu bringen, die Methoden der Selbstprüfung und Selbstdiagnose zu beherrschen, ihre Vor- und Nachteile rechtzeitig zu entdecken und die Qualität des Unterrichts zu verbessern. Zweitens ist es hilfreich, die Unabhängigkeit, Verantwortung und Autorität der Bewertungseinrichtungen zu stärken, um die administrative Tendenz der Evaluierung zu überwinden, die Zuverlässigkeit der Evaluierung zu verbessern und die Hochschulen und Universitäten unter der Aufsicht der Gesellschaft gut zu entwickeln.

Kapitel fünf der Internationalisierungsprozess der Hochschulbildung in Deutschland

Historisch gesehen hat die deutsche Hochschulbildung einen herausragenden Beitrag zur Entwicklung der Hochschulbildung in der Welt geleistet. In den 90er Jahren, mit der rasanten Entwicklung der wirtschaftlichen Globalisierung und der Internationalisierung der Hochschulbildung in der Welt, kann das traditionelle Bildungskonzept und das deutsche Bildungssystem den Anforderungen der Entwicklung der neuen Ära jedoch nicht vollständig gerecht werden. Gleichzeitig steht die deutsche Hochschulbildung vor vielen neuen Problemen und Herausforderungen. Um die internationale Wettbewerbsfähigkeit der deutschen Hochschulbildung weltweit zu stärken, widmet die deutsche Regierung der Entwicklung der Hochschulinternationalisierung immer mehr Aufmerksamkeit und verabschiedet eine Reihe von Strategien und Maßnahmen, wie die aktive Teilnahme an den internationalen Bildungsprojekten der Europäischen Union, die Realisierung des deutschen nationalen Interessenstreits zwischen regionaler Zusammenarbeit, die volle Rolle des dritten Sektors (DAAD), die Förderung der Internationalisierung der deutschen Hochschulbildung und die Umsetzung von ZhuoUm die rasante Entwicklung der deutschen Hochschulinternationalisierung zu fördern und die akademische Führung der Welt neu zu gestalten, müssen wir die Qualität der Bildung und der wissenschaftlichen Forschung verbessern, ein Qualitätssicherungssystem der Hochschulbildung mit Bildungsevaluierung und -zertifizierung als Kern und so weiter etablieren.

1. Aktive Teilnahme an EU-Hochschul-Internationalisierungsprojekten

Deutschland ist die mächtigste Wirtschaftseinheit und das bevölkerungsreichste Land der Europäischen Union. Nachfolgende Regierungen haben die europäische Politik als den Kern ihrer Außenpolitik betrachtet.Deshalb spielt Deutschland im Prozess der Internationalisierung der EU im Bildungsbereich eine führende Rolle, tritt für und nimmt aktiv an EU-Hochschulprojekten teil, um die Internationalisierung der Hochschulbildung zu fördern.

1.1 EU-Projekte zur Förderung der Internationalisierung der Hochschulbildung

1.1.1 Internationalisierungsprojekt der Hochschulbildung in den EU-Ländern

Zu Beginn ihrer Gründung war die Europäische Gemeinschaft (der Vorgänger der Europäischen Union) hauptsächlich von wirtschaftlichen Interessen angetrieben, später wechselte sie von der Wirtschaftsunion zur politischen und sozialen Union und trat im Bildungsbereich in die Union ein. Die Zusammenarbeit im Hochschulbereich begann mit dem gemeinsamen europäischen Lernprogramm im Jahr 1976. Ziel des Programms ist es, den kurzfristigen Austausch von Lernen, Bildungsaustausch und die allgemeine oder teilweise Entwicklung kooperativer Projekte zwischen Partnerhochschulen und -abteilungen zu fördern. Nach fast zehnjährigen Bemühungen haben die meisten Austauschaktivitäten die enge Zusammenarbeit zwischen Hochschulen und Universitäten wirksam gefördert, mehr Unterstützung von der Regierung und den Hochschulen erhalten und auch eine breite Palette von Lehrplaneinbeziehungen gefördert. Im Jahr 1987 begann die Europäische Gemeinschaft mit der Umsetzung des Erasmus-Plans (auch bekannt als „Aktionsprogramm der Europäischen Gemeinschaft für die Mobilität von Hochschulstudenten ") zur Förderung der grenzüberschreitenden Mobilität von Hochschulstudenten in den Ländern der Europäischen Gemeinschaft.

Der Plan ist das Kernprojekt des EG-Plans zur Entwicklung des Hochschulwesens. Im November 1993 trat der Vertrag über die Bildung in Kraft und machte die Bildung zu einer Routinepflicht der europäischen Gemeinschaft, und die Europäische Gemeinschaft änderte ihren Namen in die Europäische Union.

Nach 1995 hat die Europäische Union die bisherigen Hochschulprogramme integriert und Erasmus-Programm in das umfassende Bildungsprogramm Sokrates integriert und wurde zum größten Zweigstellenprojekt. Der sokratische Plan umfasst ein breites Spektrum von Inhalten, einschließlich aller Inhalte von der frühkindlichen bis zur Erwachsenenbildung. Er wird in zwei Stufen und acht Aktionen umgesetzt: Der erste Plan ist von 1995 bis 1999. Der zweite Plan ist von 2000 bis 2006. Die Maßnahmen im Bereich der Hochschulbildung in den acht Aktionen umfassen vor allem: Erasmus-Plan-Aktion, die darauf abzielt, den Austausch von Studenten zu fördern und die Fähigkeit der Lehrkräfte zu verbessern. Lingua-Plan-Aktion, die darauf abzielt, europäische Nationalsprachen zu lernen. Gemeinsame Aktionen, die darauf abzielen, das Verständnis der Menschen für Europa zu verbessern und die „kognitive Europa-Bewegung " durch verschiedene Aktivitäten wie Bildungsplan, Jugendaktivitäten, Politikforschung usw. zu fördern.

Im Juni 1999 unterzeichneten die Hochschulminister aus 29-europäischen Ländern die Erklärung von Bologna, in der das Ziel der Schaffung des europäischen Hochschulraums bis 2010 klar dargelegt wurde. Die spezifischen Ziele des Bologna-Prozesses sind: Aufbau eines leicht verständlichen und vergleichbaren Bachelor-Hochschulsystems in Europa. Einführung des auf dem europäischen Credit Transfer-System (ECT) basierenden Kreditsystems (ECT). Förderung der Mobilität von Lehrern und Studenten. Verbesserung des Qualitätssicherungssystems. Formulierung eines vergleichbaren und kompatiblen Qualifikationsrahmens für Hochschuleinrichtungen. Stärkung des HochschulabschlussesAttraktivität, lebensbegleitendes Lernen planen usw. Nach fast einem Jahrzehnt der Entwicklung wurde die Bologna-Erklärung von immer mehr Ländern und Organisationen, von den ersten 29-Unterzeichnern bis zu den gegenwärtigen 49-Ländern, anerkannt. Der Kooperationsmechanismus ist perfekter und bildet ein System, das den Ministergipfel mit den thematischen Treffen der zuständigen Organisationen verbindet. Bei den in der Erklärung festgelegten Zielen wurden wesentliche Fortschritte erzielt: Die teilnehmenden Länder haben im Wesentlichen ein zweistufiges Hochschulsystem eingeführt, das durch die Einführung und Umsetzung von Projekten, der ergänzenden Vereinbarung von Diplomen und der Lissabon-Konvention die Vergleichbarkeit zwischen Studienjahren und Studienjahren erheblich verbessert. Im Bereich der Qualitätssicherung wurde zunächst ein dreistufiges Qualitätssicherungssystem in Schulen, Mitgliedstaaten und Europa eingerichtet.

Darüber hinaus hat die EU weitere Projekte im Bereich der Hochschulbildung durchgeführt. So zielt der E-lrenning-Plan beispielsweise auf die Förderung der Umsetzung der lebenslangen Bildung ab, einschließlich der Einrichtung europäischer „praktischer Universitäten " zur Förderung des Austauschs und der Mobilität der Hochschulbildung in der Europäischen Union. Der „2007-2013 " Gesamtplan für lebenslange Bildung, einschließlich des Erasmus-Plans zur Förderung der Bildung des europäischen Hochschulraums und des Monet-Plans zur Förderung von Forschung, Lehre, wissenschaftlicher Forschung und Denktätigkeit im Zusammenhang mit der europäischen Integration, das beinhaltet: Förderung von europäischen Studenten, sich während ihres Studiums zwischen europäischen Universitäten zu bewegen, Entscheidung über die Einrichtung der 100-Kreuz-Universität „European Master's programs " bis Ende 2008. Förderung von europäischen Studenten und Wissenschaftlern, an ausländischen Universitäten zu studieren und zu arbeiten. Verbesserung des äußeren Einflusses und Images der europäischen Hochschulbildung durch andere Projektaktivitäten, einschließlich VeröffentlichungsplanOrganisation der internationalen Konferenz über Bildung usw.

Mit einem Wort: Die Internationalisierungsprojekte der EU im Hochschulbereich haben eine klare Kooperationsorientierung, spezialisierte Kooperationsorganisationen, ein standardisiertes Kooperationssystem, spezifische Kooperationspläne und verschiedene Kooperationsmöglichkeiten, die die Vertiefung der Internationalisierung der Hochschulbildung in der europäischen Region fördern, sowie die regionale Entwicklung der Zusammenarbeit und des Austauschs im Hochschulbereich in anderen Regionen der Welt. Es liefert eine nützliche Referenz.

1.1.2 Internationalisierungsprojekt der Hochschulbildung zwischen EU und Nicht–EU–Ländern

Der Erasmus-Plan ist seit seiner Umsetzung wirksam und von den EU-Ländern anerkannt worden. Er beschränkt sich jedoch nur auf den europäischen Geltungsbereich, nicht auf ein wirkliches Gefühl der Internationalisierung, sondern nur auf eine Art Europäisierung. Um den Herausforderungen der Globalisierung des Bildungswesens zu begegnen, die Qualität der europäischen Hochschulbildung zu verbessern und sie zu einem Weltzentrum der Exzellenz zu machen, engagiert sich die EU auch aktiv für den Ausbau des Austauschs und der Zusammenarbeit mit der Hochschulbildung des Drittlandes. Im Jahr 2004 legte die Europäische Union den Erasmus-Weltprojektplan vor. Neben der weiteren Förderung der Zusammenarbeit und des Austauschs der Hochschulbildung zwischen den EU-Ländern legt sie auch mehr Wert auf den Austausch und die Zusammenarbeit mit der Hochschulbildung des Drittlandes, um die Attraktivität der europäischen Hochschulbildung im Drittland zu erhöhen. Ihr Ziel ist es, die Qualität der Hochschulbildung in Europa zu verbessern und den Dialog und das Verständnis zwischen Menschen und Kultur durch die Zusammenarbeit mit Drittländern zu fördern.Sie ist auch verpflichtet, die Mobilität der EU und der Drittländer zu stärken, um die Entwicklung der Humanressourcen und die internationale Kooperationskapazität der Hochschuleinrichtungen in diesen Ländern zu fördern. Das Erasmus-Weltprojekt besteht aus zwei Phasen: Die erste Phase ist 2004-2008, mit einem Budget von 230 Millionen Euro, einschließlich vier Aktionsplänen, von denen 90% Stipendien sind, und 66 Millionen Euro werden verwendet, um Stipendien für Studierende aus bestimmten Ländern (wie China, Indien, etc.) zur Umsetzung des asiatischen Fensters bereitzustellen. Die zweite Phase ist 2009-2013, mit einem Budget von 900 Millionen Euro. Mehr als 50000 Euro, zusätzlich zur Integration der ersten Phase verschiedener Aktionspläne und der ausländischen Zusammenarbeit, hat sie auch weiterhin die Zusammenarbeit und den Austausch zwischen der EU und Drittländern gefördert. Die spezifischen Inhalte der beiden Erasmus-Weltprojekte sind wie folgt: Das erste Erasmus-Weltprojekt, das vier Aktionspläne umfasst: ① das Angebot von Master-Studiengängen, um die europäischen Universitäten zu ermutigen, ihre eigenen Vorteile zu spielen und gemeinsam eine Gruppe von Weltklasse-Master-

Studiengängen zu gründen, um die Attraktivität und Popularität der europäischen Universitäten zu erhöhen. ② die Einrichtung eines Stipendiums, das ein einziges, globales Stipendienprogramm ist, um sich anzuziehen. Führen Sie die besten Hochschulabsolventen und -wissenschaftler aus Drittstaaten ein, um am Master-Programm teilzunehmen. ③ Partnerschaft, die darauf abzielt, die EU-Länder zu Fragen wie der gegenseitigen Anerkennung akademischer Qualifikationen und Abschlüsse zu ermutigen, und etablieren Sie eine langjährige und stabile Partnerschaft. ④ die Attraktivität zu stärken, die den Einfluss, das Image und die Offenheit der europäischen Hochschulbildung in der Welt durch Projekte verbessern soll. Darüber hinaus wurde ein „Fensterplan" implementiert, um für den Personalmarkt in bestimmten Regionen zu konkurrieren, einschließlich „asiatisches Fenster", „Fenster in Afrika, im karibischen Raum und im Pazifischen Ozean", „Fenster des westlichen Balkans" usw. Das zweite Erasmus-Weltprojekt setzt die erste Phase des Projekts fort, das darauf abzielt, „Qualität, Exzellenz und kulturelles Verständnis" der Hochschulbildung durch Zusammenarbeit und Mobilität mit Drittländern zu erreichen. Zu den spezifischen Inhalten gehören drei Aktionspläne: ① gemeinsame Master- und Promotionsprogramme (einschließlich Stipendienfinanzierungsprogramm). Spezifische Anforderungen: Ein Konsortium von Universitäten aus mindestens drei europäischen Ländern muss qualitativ hochwertige Ausbildungsprogramme erstellen und umsetzen. Das Konsortium kann auch Universitäten in anderen Ländern der Welt einbeziehen. Stipendien werden Studenten und Wissenschaftlerinnen und Wissenschaftlern aus Hochschuleinrichtungen auf der ganzen Welt, darunter mindestens zwei Universitäten, die ihr Studium und ihre Forschung innerhalb der vorgeschriebenen Frist abgeschlossen haben, sowie zum anerkannten Doppeldiplom, Mehrdiplom oder gemeinsamen Ausbildungsabschluss vergeben. ② Kooperationsprojekte zwischen EU-Universitäten und Nicht-EU-Universitäten (einschließlich Stipendienfinanzie rungsprogramm) (ehemaliges „Fenster der Auslandskooperation"). Spezifische Anforderungen: Partnerschaft ist die Grundlage für die Stärkung der akademischen Zusammenarbeit und des Austauschs zwischen Studierenden und Wissenschaftlern und fördert die wirtschaftliche Entwicklung außereuropäischer Länder, auf die sich die außenpolitischen Maßnahmen der EU beziehen. Das Konsortium muss mindestens fünf Hochschuleinrichtungen aus drei europäischen Ländern und einige Hochschuleinrichtungen in Zielregionen außerhalb Europas umfassen. Gruppen und Einzelpersonen in gefährdeten Situationen werden besondere Aufmerksamkeit erhalten. ③ EU-Projekt zur Förderung der Hochschulbildung. Spezifische Anforderungen: Ziel des Projekts ist es, die Attraktivität, den Status, das Image und die Popularität der europäischen Hochschulbildung in der Welt zu verbessern. Die Projektaufnahme umfasst alle Aspekte der Hochschulbildung im Bereich des internationalen Austauschs, einschließlich Publizität, Bewerbungsfragen, Qualitätssicherung, Anerkennung von Studienleistungen, gegenseitige Anerkennung akademischer Qualifikationen, Lehrplanentwicklung undMobilität.

Die zweite Phase basiert auf der ersten Phase und weist einige neue Merkmale auf: ① das Förderfeld erstreckt sich auf das gemeinsame Promotionsprogramm. Bisher hat das „Erasmus-Weltprojekt" alle Hochschulebenen abgedeckt. ② der Haushalt wurde stark aufgestockt. Der Gesamthaushaltsplan der zweiten Phase (2004-2008) ist in der ersten Phase (2004-2008) erheblich von 230 Millionen Euro (930 Millionen Euro) bis zu 930 Millionen Euro gestiegen. ③ Hochschulen oder Hochschuleinrichtungen aus Drittländern können als Partner am Gemeinschaftsunternehmen teilnehmen und mit europäischen Universitäten zusammenarbeiten, um Master- und Doktorgrad-Studiengänge zu starten. ④ die Struktur anzupassen. ⑤ neue Ideen einzubringen. Es sollte mehr Aufmerksamkeit auf das Bewusstsein für die Qualitätssicherung, das Konzept der Studierenden und Wissenschaftler gelegt werden, die auf die Nachfrage des Arbeitsmarktes und die Nachhaltigkeit gemeinsamer Bildungsprojektereagieren.

1.2 die Rolle der EU bei der Internationalisierung des deutschen Hochschulwesens

Als wichtige treibende Kraft für die Internationalisierung der deutschen Hochschulbildung kann die Rolle der EU nicht ignoriert werden. Insbesondere seit der Umsetzung des Erasmus-Plans und des Bologna-Prozesses sind die Maßnahmen und Politiken der EU zu einer starken treibenden Kraft für die Internationalisierung der deutschen Hochschulbildung geworden.

Um die Internationalisierung der Hochschulbildung in Deutschland zu fördern, hat Deutschland aktiv an Kooperationsprojekten der Europäischen Union im Hochschulbereich teilgenommen, darunter Erasmus-Plan, Bologna-Prozess, lngua-Plan, Comett-Plan, Tempus-Plan usw. Unter ihnen sind der Erasmus-Plan und der Bologna-Prozess die beiden Projekte, die großen Einfluss auf die Internationalisierung der deutschen Hochschulbildung haben.

In Deutschland können Hochschulstudenten oder Wissenschaftler aus EU-Ländern über Erasmus-Programm Stipendien erhalten, um ein Jahr in Deutschland zu studieren oder für einen kurzen Aufenthalt zu studieren, oder Studenten mit ihren Partneruniversitäten über das Programm austauschen. Deutsche Studierende können auch in anderen europäischen Ländern studieren, indem sie sich für Erasmus bewerben. Im vergangenen Jahrzehnt hat Deutschland durch Erasmus-Programm große Erfolge bei der Förderung der Studentenmobilität zwischen Deutschland und anderen EU-Ländern erzielt. Laut Statistik absolvierten die 1980813 Studenten ihr Studium oder ihr Praktikum im Ausland durch Erasmus-Programm, von dem 14.1% aus Deutschland stammten, die hinter Frankreich (14.3%), Spanien (l3.8%) und Italien (9.8%) lebten und eines der wichtigsten Länder waren, die am Erasmus-Programm der EU teilnahmen. Im akademischen Jahr 2008-2009 kamen 21856 Studenten durch Erasmus-Plan an deutsche Universitäten, die meisten kamen aus Frankreich und Spanien. Zweitens waren polnische Studenten bereit, an deutschen Universitäten zu studieren. Diese drei Länder stellen drei Fünftel der Gesamtzahl der Studierenden in Deutschland durch Erasmus dar. Durch das Erasmus-Projekt wurde der Fluss deutscher und europäischer Studenten stark gefördert, und Deutschland hat viele hochwertige Studenten angezogen und die Internationalisierung seiner Hochschuleinrichtungen verbessert.

Seit der offiziellen Einführung des Bologna-Prozesses hat Deutschland seine Hochschulbildung aktiv reformiert, um sich mit Europa und anderen Ländern der Welt zu verbinden. Deshalb begannen die deutschen Universitäten seit 1998 ihre Lernstruktur zu reformieren, international anerkanntes Bachelor- und Masterstudium zu schaffen und große Erfolge zu erzielen. Ende 2010 haben die meisten Universitäten in

Deutschland das neue Bachelor-Studiengang / Master (siehe Kapitel 3). Das Wichtigste ist, dass das Hochschulsystem den internationalen Standards entsprechen kann, die die Internationalisierung des deutschen Hochschulwesens stark gefördert haben.

Darüber hinaus legt Deutschland großen Wert auf den Austausch und die Zusammenarbeit mit Drittländern im Hochschulbereich. Im Rahmen des EU International Education Project hat Deutschland neben der Zusammenarbeit mit den EU-Ländern auch den Hochschulaustausch und die Zusammenarbeit mit den Vereinigten Staaten, Kanada, dem Nahen Osten, Südostasien und afrikanischen Ländern aktiv durchgeführt. Zum Beispiel misst das Bundesministerium für Bildung und wissenschaftliche Forschung der Zusammenarbeit in der Bildungsforschung mit den Ländern Ost- und Südostasiens große Bedeutung bei. Aus diesem Grund wurde in 2002 das „asiatische Konzept " Dokument speziell für die Region formuliert, in der die deutsch-chinesische Zusammenarbeit eine sehr wichtige Rolle spielt.

2. Intensive Förderung des kulturellen Austauschs und der Zusammenarbeit des DAAD

2.1 strategische Ziele und spezifische Aufgaben des DAAD-Projekts

Derzeit hat der DAAD mehr als 250-Projekte durchgeführt und jährlich mehr als 67000 deutsche Wissenschaftler im In- und Ausland unterstützt, die ein breites Spektrum abdecken. Dabei handelt es sich um fünf Bereiche: Stipendien für Studierende in Deutschland, Stipendien für Studierende im Ausland, Förderung der Internationalisierung der deutschen Universitäten, Förderung des Studiums und der Förderung des deutschen Auslands und Durchführung der Bildungskooperation mit Entwicklungsländern.

Diese Projekte umfassen fünf strategische Ziele:

(1) Wir werden herausragende ausländische Studierende und Wissenschaftler

ermutigen, in Deutschland zu studieren und zu forschen und eine lebenslange Partnerschaft zu pflegen. Zu den spezifischen Aufgaben gehören die Bereitstellung individueller Stipendien für ausländische Studierende und Praktiker (einschließlich Hochschulstudenten, Wissenschaftler, Wissenschaftler und Forscher, Künstler und Verwaltungspersonal). die Vermittlung und Förderung von Praktika. kurzfristige Informationsreisen und Studienführungen. Sprachkurse und Sonderkurse. das Alumni-Netzwerk.

(2) Den jungen deutschen Forschern und Experten die Möglichkeit zu geben, in den besten Institutionen der Welt zu arbeiten und ihre Toleranz und Internationalismus zu pflegen. Zu den spezifischen Aufgaben gehören: Stipendien für deutsche Studierende und Praktiker (einschließlich Hochschulstudenten, Wissenschaftler, Wissenschaftler und Forscher, Künstler und Verwaltungspersonal): mobile EU-Stipendien. Vermittlung und Förderung von Praktika: Gruppenreisen von Studenten und Wissenschaftlern: Sprachkurse und Sonderkurse.

(3) Förderung der Internationalisierung und Attraktivität deutscher Hochschulen. Zu den spezifischen Aufgaben gehören die Gründung von Hochschulpartnern, internationale Bildungspartner, der Austausch von Hochschullehrern, der Austausch von projektbezogenen Wissenschaftlern und Forschern, die Unterstützung ausländischer Gastdozenten, Entwicklung und Finanzierung attraktiver Forschung, Internationale Lehrveranstaltungen, Promotionsprogramme an deutschen Universitäten: Unterstützungsleistungen, Alumni-Netzwerk, Weiterbildung, Advocacy und Stipendien für Mitarbeiter von internationalen Büros an deutschen Universitäten und anderen Institutionen.

(4) Förderung von Germanistik, Germanistik und Kulturwissenschaften an ausländischen Universitäten. Zu den spezifischen Aufgaben gehören: Aufbau von deutschen Auslandskursen, Aufbau von Partnerschaften für deutsche Studienrichtungen, Aufbau deutscher Fachrichtungen und akademischer Dozenten an ausländischen Universitäten, Stipendien für deutsche Experten im In- und Ausland, Einrichtung und Förderung von Hochschulzentren für deutsche und europäische Studien im Ausland, Information, Publikationen und Sonderprojekte. Delphi: Sprachprüfung für ausländische Studierende an deutschen Universitäten.

(5) Zusammenarbeit mit Entwicklungsländern. Zu den spezifischen Aufgaben gehören: Ausbau der Postgraduiertenstudiengänge in Entwicklungsländern, Aufbau von Hochschulpartnern und Partnern in der südlichen Hemisphäre, Aufbau von Netzwerken und Alumni-Registernetzen in Entwicklungsländern, Unterstützung der Schaffung individueller Strukturen von Wissenschaftlern (kurz- und Langzeitdozenten) durch Stipendien und Dozenten. Projekte zur Spende von Ausrüstungen.

2.2 Aktionsplan des DAAD

DAAD hat eine Vielzahl von Internationalisierungsmaßnahmen ergriffen, um die rasante Entwicklung der deutschen Hochschulinternationalisierung zu fördern. Diese Maßnahmen sind jedoch nicht verstreut, vorübergehend oder in Notfällen, sondern eine Reihe systematischer, geplanter und nachhaltiger Entwicklungsstrategien zur Förderung der kontinuierlichen Entwicklung der deutschen Hochschulinternationalisierung. Der von DAAD in den letzten Jahren durchgeführte Aktionsplan hebt seine strategischen Merkmale hervor, und die spezifischen Inhalte sind wie folgt:

Im Jahr 1996 formulierte der DAAD den ersten Aktionsplan: „Stärkung der Attraktivität und Wettbewerbsfähigkeit der Hochschulbildung und der Wissenschaft in Deutschland ", mit den folgenden Hauptzielen: ① Angebot von Kursen, die für ausländische Studierende attraktiv sind. ② Erhöhung der akademischen Anerkennung. ③ Verbesserung der Verfahren für internationale Studierende und Wissenschaftler, um Zulassung, Visum, Aufenthalt und Arbeitserlaubnis zu beantragen. ④ Verbesserung der Sprachenprobleme. ⑤ Chinas internationaler Markt für Hochschulbildung. In den 1990er Jahren führte das DAAD ein neues Förderprogramm ein, um internationale Kurse, vor allem Masterstudiengänge, zu unterstützen und zu entwickeln.

Der DAAD hat in 2000 Jahren den zweiten Aktionsplan umgesetzt. Neben der Fortführung des ersten Aktionsplans betonte er auch die Attraktivität der deutschen Bildung auf dem internationalen Markt durch serviceorientiertes und professionelles Marketing. Das Programm hat drei Hauptziele: ① die internationale Anziehungskraft der deutschen Hochschulen und Wissenschaft zu stärken. ② einen „freundlichen Service-orientierten " allgemeinen Mechanismus für ausländische Studierende,

Postgraduierte und Wissenschaftler zu schaffen. ③ einen spezialisierten internationalen Markt für deutsche Hochschulen und Wissenschaft zu entwickeln. Deshalb bereiteten sich DAAD und alle Lebensbereiche in Deutschland im gleichen Jahr mit Unterstützung des BMBF darauf vor, eine Marketingallianz zu errichten, die „das Tor Deutschlands " genannt wird, um die Welt zu bereisen, den internationalen Markt der deutschen Hochschulbildung durch verschiedene Aktivitäten und Projekte aktiv zu erweitern, um die Attraktivität Deutschlands als Studienort und Forschungsstelle zu erhöhen.

Im Jahr 2004 hat der DAAD einen dritten Aktionsplan mit dem Ziel der Errichtung der Internationalen Universität der Zukunft umgesetzt. Der Aktionsplan konzentriert sich auf „Verbesserung der Qualität durch Internationalisierung ". Das Programm hat fünf Hauptziele: ① international attraktive Kurse und Forschungsprojekte (internationale Kurse, deutsche strukturierte Promotionsprogramme, Kurse deutscher Hochschuleinrichtungen in anderen Ländern) im In- und Ausland zu bieten. ② junge deutsche Wissenschaftlerinnen und Wissenschaftler zu fördern, internationale Kenntnisse zu erlernen (Fremdsprachenunterricht als Standard des täglichen Lernens, Internationalisierung der Kurse und Verbesserung der Studierenden). Das Stipendiensystem der Forscher, die Schaffung eines integrierten Netzwerks zur Verhinderung der Abwanderung von Fachkräften. ③ die Schaffung einer effektiven Struktur und Rahmenbedingungen (Qualitätsorientierung der internationalen Studienförderung, die Entwicklung von Beratungs-, Beratungs- und Überwachungsdiensten, die Spezialisierung des internationalen Managements und die Modernisierung der Einwanderungsgesetze). ④ die Überwindung von Sprachbarrieren (nicht nur die Verbesserung Deutschlands als Fremdspracheanbieter, sondern auch das Lernen für Deutschland)Die Studenten erweitern den Fremdsprachenunterricht. ⑤ziehen durch spezialisiertes Marketing die besten Talente der Welt an. Der Unterschied zwischen dem dritten Aktionsplan und dem zweiten Aktionsplan spiegelt sich vor allem in zwei Aspekten wider: Erstens, für Studierende, die nicht ins Ausland gehen, sollte die Hochschulbildung auch immer internationaler sein. zweitens, mehr Betonung auf dem Eintritt in die „Globalisierung ": die Betonung des globalen Wettbewerbs und eine globale Politik für den „Hirngewinn ".

Im Jahr 2008 hat der DAAD den vierten Aktionsplan umgesetzt, der fünf Hauptziele verfolgt: ① die Verbesserung des Weltzustands der Wettbewerbstalente Deutschlands. ② die Förderung der internationalen Gesamtqualität junger deutscher und japanischer Experten. ③ die Förderung der Bundesregierung und der Staaten bei der Entwicklung systematischer und nachhaltiger Internationalisierungsstrategien und deren Nutzung als Strategien für den Aufbau internationaler Lerngemeinschaften. ④Deutsches Lernen, deutsche Forschung und deutsches Wissen. ⑤ Zusammenarbeit mit Entwicklungs- und Transformationsländern.

3. Die rasante Entwicklung der deutschen Hochschul–Internationalisierung

Seit den frühen 1980er Jahren verlagert sich der Fokus der deutschen Hochschulinternationalisierung von der Anziehung ausländischer Studenten auf die Förderung deutscher Studenten zum Auslandsstudium. Zu diesem Zweck hat Deutschland eine Vielzahl wirtschaftlicher Maßnahmen ergriffen, um die Flussbarrieren zu beseitigen. Darüber hinaus initiierte und führte der DAAD das gemeinsame Auslandsausbildungsprogramm (intergeriertes Studium im Ausland) ein, das den organisierten Fluss des ausländischen Lernens und nicht den einzigen, unorganisierten freien Fluss hervorhebt.Zu dieser Zeit galt das Auslandsstudium als wichtige pädagogische Erfahrung. Mitte der 80er Jahre, mit der Einführung des Konzepts „Gemeinschaftsdimension " nahmen Deutschland und die Europäische Gemeinschaft zu.

Die Stärke des Hochschulaustauschs und der Zusammenarbeit zwischen den Mitgliedstaaten. Im Jahr 1987 hat die Europäische Gemeinschaft den Erasmus-Plan ausgearbeitet. Dieser Plan erbt die Idee und Methode des 1976 aufgestellten gemeinsamen Lernplans und entwickelt nach und nach den bisherigen individuellen Austausch in die organisierte, zielgerichtete und geplante institutionalisierte Bildungskooperation und -austausch. 1989-1999 verabschiedete die Europäische Gemeinschaft das Sprachenprogramm Lingua, das verschiedene Sprachkurse (mit

11Sprachen) anbietet, um den kulturellen Austausch und das Verständnis zwischen den Mitgliedstaaten der Europäischen Gemeinschaft zu fördern. Nach der Umsetzung des Erasmus-Plans nahm die Zahl der ausländischen Studierenden in Deutschland rapide zu. Obwohl das Ziel nicht erreicht wurde, wird allgemein angenommen, dass Erasmus-Plan den Fluss und die Zusammenarbeit der Hochschulinternationalisierung in Deutschland erfolgreich gefördert hat. Ende der 1980er und Anfang der 1990er Jahre zerfiel das sozialistische System der osteuropäischen Länder, die Berliner Mauer brach zusammen und das demokratische Deutschland wurde in das föderale Deutschland eingegliedert. Um den Veränderungen des Weltgefüges, der wirtschaftlichen Rezession nach der Vereinigung Deutschlands und Deutschlands und dem Mangel an öffentlichen Mitteln für die Hochschulbildung zu begegnen, führte die deutsche Regierung eine vielschichtige Reform des Hochschulsystems durch. Unter ihnen ist es eine wichtige Politik der deutschen Hochschulbildung, um den internationalen und offenen Grad der Universitäten zu verbessern. Gleichzeitig nachdem der Einfluss des traditionellen Hochschulkonzepts zurückgegangen ist, ist das Hochschulkonzept „politische Theorie " zu den Grundwerten in Deutschland geworden, was die Universität dazu zwingt, den bisherigen Isolationsstatus grundlegend zu verändern, sich in die reale Gesellschaft zu integrieren, der Gesellschaft zu dienen und mehr soziale Verantwortung zu übernehmen, insbesondere eine wichtige Rolle bei der Teilnahme an internationaler Zusammenarbeit und Wettbewerb zu spielen.

In dieser Zeit verfügen deutsche Universitäten über mehr Autonomie und können notwendige Reformen und internationale Zusammenarbeit flexibel durchführen. Der Fluss von Lehrern, Studenten und Wissenschaftlern an deutschen Universitäten fließt hauptsächlich nach Westeuropa und den Vereinigten Staaten.Um die regionale Verteilung des internationalen Austauschs und die Zusammenarbeit im Hochschulbereich auszugleichen, hat die Bundesregierung jedoch einige spezielle Pläne umgesetzt. In den 1990er Jahren wurde ein Förderprogramm speziell für die Zusammenarbeit mit Universitäten in Mittel- und Osteuropa eingerichtet. Im Jahr 1993 wurde das Programm durch ein weiteres spezielles Programm zur Förderung des deutschen Unterrichts in diesen Ländern ergänzt. Darüber hinaus hat der DAAD in diesem Zeitraum auch zahlreiche Unterstützungspläne speziell für China, die Vereinigten Staaten, Indonesien und Südafrika aufgestellt, die sich hauptsächlich auf politische Maßnahmen und bilaterale Abkommen stützen.

Gleichzeitig ist sich die deutsche Regierung immer mehr bewusst, dass die internationale Attraktivität der deutschen Hochschulbildung gegenüber anderen entwickelten Ländern deutlich geschwächt wurde. Daher kündigte die Bundesregierung an, dass es die gemeinsame Verantwortung der Bundesregierung und der Staaten sein sollte, die internationale Wettbewerbsfähigkeit der deutschen Hochschulbildung als zentrale Aufgabe der Hochschulpolitik zu verbessern. Die deutsche Bundesregierung und die staatlichen Regierungen begannen daher eng im Bereich der Internationalisierung der Hochschulbildung zu arbeiten. Mitte der 90er Jahre, mit dem rasanten Wachstum der wirtschaftlichen Globalisierung, entwickelte sich der Prozess der europäischen Integration. Im Jahr 1995 begann die Europäische Union mit der Umsetzung des Sokrates-Plans, um die europäische Dimension der Hochschulentwicklung weiter zu stärken. Am 18. Dezember 1996 veröffentlichte die deutsche Bundesregierung und Staatsoberhäupter eine gemeinsame Erklärung zur Verbesserung der internationalen Wettbewerbsfähigkeit des Lernens in Deutschland: „Die Verbesserung der internationalen Wettbewerbsfähigkeit des Lernens in Deutschland ist für die wissenschaftliche, wirtschaftliche und kulturelle Zusammenarbeit mit anderen Ländern der Welt unerlässlich.Die Entscheidungsträger der Bildung in Deutschland sind die wichtigsten Schiedsrichter (Regulierer) und Partner im Prozess der wirtschaftlichen, wissenschaftlichen und sozialen Globalisierung.In 1997 verabschiedete der Bundes- und Staatspräsident eine gemeinsame Erklärung zur Stärkung der internationalen Wettbewerbsfähigkeit des deutschen Curriculums mit dem Ziel, die Anpassungsfähigkeit und Attraktivität des deutschen Hochschulsystems zu verbessern.

Im Mai 1998 unterzeichneten die Bildungsminister Deutschlands, Frankreichs, Italiens und des Vereinigten Königreichs die Sorbonne-Erklärung zur Förderung der Koordinierung der Hochschulsysteme der vier Länder in Sorbonne, Frankreich. Im Jahr 1999 nahm Deutschland auch an der von 29-europäischen Ländern unterzeichneten Bologna-Erklärung teil, um Hindernisse für die Studentenmobilität in Europa zu beseitigen und den weltweiten Reiz der europäischen Hochschulbildung zu verbessern und das Entwicklungsziel für die Errichtung des „europäischen Hochschulraums " bis 2010 festzulegen. Die Ankündigung von Prag und Berlin förderte die Entwicklung der europäischen Bildungsintegration. Mit der engeren Integration des deutschen Gesellschaftslebens mit Europa nutzt Deutschland seine sprachlichen, regionalen, historischen und kulturellen Bindungen zur Durchführung des internationalen Austauschs und der Zusammenarbeit mit den EU-Mitgliedstaaten voll und ganz, um nationalen politischen und wirtschaftlichen Interessen zu dienen.

Im Oktober 200 verabschiedete der Bundes- und Bundesbildungsplan und der Forschungsförderungsausschuss den Rahmenplan „Förderung von Bildung und Forschung in Deutschland ".In diesem Rahmen wird die deutsche Regierung mit Universitäten und Unternehmen zusammenarbeiten, um die internationale Wettbewerbsfähigkeit und Attraktivität der deutschen Hochschulbildung zu verbessern und die internationale Entwicklung der deutschen Hochschulbildung zu fördern. Auf der Grundlage des Bedarfs an der Entwicklung der deutschen Hochschulinternationalisierung und der weiteren Förderung des europäischen Integrationsprozesses hat Deutschland aktiv eine schnelle und flexible Antwort zur Steigerung des Tempos der Hochschulinternationalisierung ergriffen. Deutschland hat in diesem Zeitraum eine Reihe systematischer Hochschulinternationalisierun gspolitiken und -maßnahmen umgesetzt: der Anwendungsbereich der deutschen Hochschulinternationalisierung erweiterte sich von Europa auf die ganze Welt die Internationalisierung der Hochschulbildung. Der Inhalt dieses Referats umfasst alle Aspekte der Hochschulbildung, einschließlich der Schaffung eines international kompatiblen neuen Schulsystems und Graduiertenstruktur, der Reform des Prüfungssystems, des Managementsystems der Hochschulbildung und des Lehrevaluierungssystems, der Beseitigung von Flussbarrieren, der Erhöhung der finanziellen Unterstützung und der Förderung von Innovation.

Um die internationale Wettbewerbsfähigkeit der deutschen wissenschaftlichen Forschung in der Welt zu stärken, hat die Bundesregierung von Deutschland im Februar 2008 die „Stärkung der Position Deutschlands in der globalen Wissensgesellschaft:

die Strategie der Bundesregierung zur Internationalisierung von Wissenschaft und Forschung " (im Folgenden „Strategie der Internationalisierung von Wissenschaft und Forschung " genannt) ins Leben gerufen. Die Strategie umfasst vier Hauptziele: Stärkung der wissenschaftlichen Forschungszusammenarbeit, Entwicklung des Innovationspotentials, Stärkung der Zusammenarbeit mit den Entwicklungsländern, Übernahme internationaler Verantwortung und Bewältigung globaler Herausforderungen. Im Jahr 2009 hat das deutsche Außenministerium in diesem Jahr als Hochschuldiplomatie bezeichnet und Maßnahmen zur Förderung des internationalen akademischen Austauschs in Deutschland eingeleitet: ① die Einrichtung von „akademischen und innovativen Zentren " in ausländischen Ländern und die Zusammenführung von lokalen deutschen akademischen Institutionen (z.B. der Deutschen Forschungsgemeinschaft, des Max-Planck-Instituts, des DAAD, Forschungsinstituten deutscher Unternehmen, ausländischen Universitäten, etc.) zum Aufbau einer deutschen Innovationsbasis. Förderung des Austauschs von Forschern und Wissenschaftlern zwischen Deutschland und dem Ausland. ② Einrichtung eines „Forschungs- und Lehr-Exzellenzzentrums " an ausländischen Universitäten mit dem Ziel, ein internationales Forschungs- und Wissenschaftsnetzwerk zu bilden.③ Um die Quantität und Qualität der Stipendien zu verbessern, wird das neu gegründete Stipendienprogramm hochrangige ausländische Wissenschaftlerinnen und Wissenschaftler unterstützen, die an Universitäten in Deutschland promoviert haben. ④ weiterhin Deutsch auf der ganzen Welt fördern, um Menschen, die Deutsch lernen, mehr zu unterstützen.

Vom Entwicklungsprozess der deutschen Hochschulinternationalisierung kann man sehen, dass die deutsche Hochschulinternationalisierung ein Prozess von verstreuter, individueller, nicht systematischer und unorganisierter Internationalisierung bis hin zu systematischer und organisierter Internationalisierung ist, von Internationalisierungs aktivitäten bis hin zu geplanten, schrittweisen und zielgerichteten nachhaltigen Inter nationalisierungsstrategien und sich allmählich zu einer der wichtigen Strategien der nationalen Hochschulbildung deckungsgleich entwickelt. Die Internationalisierung der deutschen Hochschulbildung hat einen guten Trend zu stetigem Fortschritt und tiefgreifender Entwicklung gezeigt.

Im Zuge der Internationalisierung der Hochschulbildung erkennt die Bundesregierung voll und ganz die Bedeutung der Internationalisierung der Hochschulbildung zur Verbesserung der internationalen Wettbewerbsfähigkeit Deutschlands und zur Veränderung des internationalen Weltbildes an. Deutschland betrachtet daher die Internationalisierung der Hochschulbildung als eine wichtige Strategie für die Reform und Entwicklung der Hochschulbildung und verabschiedet eine Reihe von Strategien und spezifischen Maßnahmen, wie die aktive Teilnahme an den internationalen Bildungsprojekten der Europäischen Union, die Umsetzung der nationalen Anforderungen Deutschlands durch regionale Zusammenarbeit, die volle Berücksichtigung der Rolle des dritten Sektors (DAAD), die Förderung der Internationalisierung der Hochschulbildung, die Umsetzung des Exzellenzplans und die Verbesserung der Qualität der Hochschulbildung und wissenschaftlicher Forschungsstand: die Einrichtung eines Qualitätssicherungssystems der Hochschulbildung mit Bildungsevaluierung und -zertifizierung als Kern zur Förderung der Internationalisierung der Hochschulbildung, die Inhalte und Formen der deutschen Hochschulinternationalisierung reich und vielfältig macht, nicht nur den internationalen akademischen Austausch zwischen Lehrern und Studenten, sondern auch die Internationalisierung des Hochschulsystems, die grenzüberschreitende gegenseitige Anerkennung von Studienleistungen, die Internationalisierung des Curriculums, die Internationalisierung der Sprache und die grenzüberschreitende Internationalisierung. Die chinesische Hochschulbildung hat die rasante Entwicklung der deutschen Hochschulinternationalisierung gefördert.

Obwohl Deutschland in seiner Geschichte der Hochschulbildung Entwicklung, ist der Weg der Internationalisierung nicht glatt. Deutschland hält sich jedoch an seinen unbezwingbaren und unternehmerischen Geist, widmet sich der Erforschung der internationalen Entwicklung der Hochschulbildung in der Welle der Internationalisierung der Hochschulbildung in der Welt und hat große Erfolge und reiche Erfahrungen gesammelt: zum Beispiel die Internationalisierung als Leitmotiv nehmen, mutig sein, Innovation und Systeminnovation zu beobachten. Die Regierung unterstützt, formuliert, modifiziert und verbessert die einschlägigen Politiken stark, Gesetze und Vorschriften. Der dritte Sektor mit deutschen Merkmalen fördert die Internationalisierung der Hochschulbildung die ausgewogene Entwicklung von Input, Output der Hochschulbildung und die Schaffung eines Qualitätssicherungssystems mit Bildungsevaluierung und -zertifizierung als Kern. Der Schwerpunkt auf der theoretischen Forschung liegt bei der Internationalisierung der Hochschulbildung in Deutschland. Bei der Erforschung der Internationalisierungsentwicklung der Hochschulbildung zieht Deutschland nicht nur aus anderen Ländern Lehren, sondern kombiniert auch seine eigene Realität, um Durchbruch und Innovation zu suchen und einen Weg zu ebnen, der sich für die eigene Internationalisierungsentwicklung Deutschlands im Hochschulbereich eignet.

责任编辑　姚　君
封面设计　晏　子

中国纺织出版社
官方微博

中国纺织出版社
官方微信

ISBN 978-7-5180-7948-3

9 787518 079483 >

定价：68.00元